Die Giraffe und die Unterführung

Coaching-Geschichten für die Seele

Dr. Elmar Hatzelmann

April 2020

Auch als E-Book bei Amazon erhältlich

Einführung

Wie die Geschichten entstanden sind

Aufgewachsen mit Sindbad dem Seefahrer, Sesam-öffne-dich und Tischlein-deck-dich haben mich Geschichten immer fasziniert. In der Jugendzeit entdeckte ich die Zen- und Sufi-Geschichten (Mulla Nasrudin) für mich.
Später wurde ich (psychologischer) Berater und nutzte manche Geschichte oder Metapher für meine Klienten. In einem Seminar mit Julie Henderson lernte ich, wie man spontan passende Geschichten entwickelt.
Ab dieser Zeit, etwa seit 1997, erzählte ich zuerst für Freunde, später für Klienten, selbst kreierte Geschichten. Die besten schrieb ich auf und veröffentlichte sie zuerst auf meiner Homepage, später als Buch in kleiner Auflage. Die vorliegende Sammlung ist eine Auswahl der letzten zwanzig Jahren und so manch eine Geschichte verführt Sie vielleicht zum Nachdenken oder Schmunzeln.
Manche sind mehr offen formuliert, andere sind voller Hinweise – dies hat sich aufgrund des Themas oder der Bedürfnisse der Person so ergeben. Manche ungewöhnlichen Worte sind meine Schöpfungen oder Dialektausdrücke, die mit Absicht gewählt wurden.
Es gibt eine Vielzahl von Möglichkeiten, die Geschichten zu nutzen:

- nach Thema auswählen
- per Zufall
- nacheinander lesen
- ....

Titelgeschichte

Die Giraffe und die Unterführung

Es war einmal eine hübsche Giraffe. Sie wohnte gegenüber vom Bahnhof in einer netten Wohnung und musste jeden Tag mit dem Zug zur Arbeit fahren.
Es gab zwei Wege zum Bahnhof: Rechtsherum über den beschrankten Bahnübergang – das war der lange Weg. Oder linksherum durch eine Unterführung – der kurze Weg. Leider war sie zu groß für die Unterführung und musste daher immer den langen Weg über den Bahnübergang nehmen. Das war natürlich sehr beschwerlich und kostete sie immer viel Energie und Zeit, die sie lieber anders genutzt hätte.
Daher wurde es ihr eines Tages zu bunt und sie entschloss sich, in der Stadt eine andere Wohnung zu suchen. Leider hatte sie wenig Glück, denn aufgrund ihrer Größe gab es wenig Auswahl an schönen Wohnungen und viele Zimmer waren viel zu teuer. So wurde sie immer trauriger, fast ein bisschen hoffnungslos und depressiv. Wie sollte es bloß weitergehen?
Eines Tages ging sie wieder in dieser Stimmung aus dem Haus und schlug aufgrund ihrer Traurigkeit versehentlich den falschen Weg ein und wendete sich Richtung Unterführung.
Welche Überraschung! Dieses Mal passte sie durch die Unterführung, da sie den Kopf so tief hängen ließ. Als sie plötzlich wahrnahm, dass sie durch die Unterführung passte, wurde es ihr ganz leicht ums Herz.

So löste sich ihr Problem: Sie blieb in ihrer hübschen Wohnung und war damit alle Sorgen los.

Achtsamkeit

Großartig leben

Es war einmal ein kleiner Maulwurf, der mit seinem Leben sehr unzufrieden war. Wenn er aus einem seiner Erdlöcher schaute, sah er all die wunderschönen Blumen, die Bienen, Libellen und noch viel mehr. Alle lebten seiner Meinung nach großartig. Und er? Er haderte mit seinem Schicksal und glaubte, dass alle anderen Lebewesen Spaß und Freude in ihrem Leben hatten.

Und so dümpelte er umher, tat nur das Notwendigste und war ständig unzufrieden. Er kannte nur Willi, den Nachbarmaulwurf. Er betrachtet Willi als Konkurrenten und sprach nur selten mit ihm. Manchmal dachte er sogar, seinem Leben ein Ende zu setzen. Alle anderen hatten es viel leichter.

Eines Tages reichte es: Er hatte die allerhöchste Unzufriedenheitshöhe seines Lebens erreicht. Und so klagte er zum ersten Mal dem Nachbarn sein Leid: „Alle haben ein großartiges Leben und ich kleiner Wicht bin hier in der Gegend der Idiot!“ Statt ihn zu bedauern, gab ihm Willi recht: „Ja, das stimmt. Aber weißt Du, was das Geheimnis eines großartigen Lebens ist? Die meisten leben es

einfach, hingegen stellen sich manche ständig die Frage, wie sie ihr Leben großartig gestalten könnten, tun aber nichts." „Das ist ja interessant", antwortet der kleine Maulwurf. „Daran habe ich in meinem Kummer überhaupt nicht gedacht. Was könnte ich tun, um großartig zu leben? Ich könnte mein Schlafzimmer mal wieder aufräumen, da hat sich ziemlich viel Abfall angesammelt. Und dann könnte ich meine Gänge schöner graben, ich könnte häufiger aus meinen Löchern schauen und mit dir und anderen mehr Kontakt halten und ich könnte mal nach Maulwurffrauen Ausschau halten. Das wäre wunderbar."
Und so wurde aus dem kleinen Maulwurf ein großartiger Maulwurf – auch wenn er hin und wieder einen Rückfall hatte.
(Klagen, Umdeutung)

Der Bauer und sein Feld

Es war einmal ein Bauer, der hatte ein wunderschönes Feld. Jedes Frühjahr ging er über sein Feld, hackte Löcher in den Boden und legte jeweils einen Samen hinein. Am Abend war er müde und sehr glücklich.
Und so ging es Jahr um Jahr. Er hatte sein Auskommen und hin und wieder konnte er Rücklagen bilden.
Eines Tages wurde ihm angeboten, ein paar neue Felder dazu zu pachten. Er nahm es an. Nun war es aber nicht mehr möglich, jeden Samen einzeln zu säen. Daher kaufte er sich einen Traktor und eine Sämaschine. So bestelle er schnell all seine Felder und er war zufriedener

als früher. Daher entschied er sich, noch mehr Felder zu pachten. Er kaufte sich einen größeren Traktor und eine große Sämaschine, mit der er voller Freude die Felder abfuhr. So ging es einige Jahre.
Er war zufrieden, aber irgendetwas fehlte ihm. Eines Abends saß er am Kamin und sinnierte. Im tiefsten Inneren sehnte er sich nach seinem kleinen Feld, dank dem er in seiner Geschwindigkeit und im Einklang mit der Natur einen wohltuenden Rhythmus lebte. Dort konnte er seine Fähigkeiten zeigen und er war voll mit seinem Herzen dabei. Er erkannte, dass er sich von Quantität hatte verführen lassen und die Qualität missachtet hatte.
So entschied er sich, die neuen Felder zurückzugeben und wieder auf seinem alten Feld zu arbeiten. Voller Befriedigung kümmerte er sich wieder darum, nun in dem Wissen, dass dies seiner wahren Natur entsprach.
(Überforderung, Gier, Rhythmus, Geschwindigkeit)

Sorgen oder Freude - der Aufwand ist der Gleiche

Es war einmal eine Frau, die war Meisterin für hochqualitative Sorgen. Es begann schon in ihrer Kindheit. Von der Mutter hatte sie das Sich-Sorgen-machen übernommen. Leider vergaß sie dabei, auch die Aktivitäten zu übernehmen, die die Mutter mit den Sorgen verband. Denn die Mutter lebte nach der nie ausgesprochenen Logik: Sorgen führen zum Handeln und das führt zu sicherem Leben. Sorgen alleine sind reine Zeitverschwendung und belasten das Gehirn und den Körper.

Da die Tochter das nicht wusste, wurde sie zur reinen Sorgenmeisterin. Am Anfang war es die wirtschaftliche Entwicklung, dann die Kinder und schließlich die Enkel.
Eines Tages war sie sehr müde, denn das Sorgenmachen kostete viel Kraft und wenn Sie ehrlich war, brachten die Sorgen nichts ein. Die Welt drehte sich auch ohne sie.
Und so kam sie auf die Idee, Freude statt Sorgen ins Zentrum ihrer Gedanken zu stellen. Das kostete auch Kraft, aber sie hatte wenigstens was Schönes davon.
Freude herzustellen war anfangs ein bisschen schwieriger, als Sorgen machen, da sie jahrzehntelange Erfahrung damit hatte. Auch schämte sie sich anfangs, da es ja eigentlich nicht erlaubt war. Und es hatte seltsame Auswirkungen auf ihre Umgebung. Viele Bekannte, die mit ihr bisher die Sorgen geteilt hatten, hatten Schwierigkeiten, die Freude mit ihr zu teilen. Manche Sorgenmacherinnen beschimpften sie sogar als gutgläubige Optimistin, denn Klageweiber bekommen mehr Aufmerksamkeit als Freudenweiber.
Und so begann sie mit ihren Freundinnen Freude zu üben. Sie steckte viele davon an und innerhalb von kurzer Zeit umgab sie eine Aura von Glück und Zufriedenheit.
(Gehirn, Selbstgespräch)

Die Wunderschale

Es war einmal eine wunderschöne, weiträumige Obstschale. Sie bestand aus filigranem Glas und das Licht leuchtete durch sie hindurch. Sie war immer mit Obst gefüllt und stand im Zentrum eines Gebäudes. Jeden Tag kamen Menschen, die dort arbeiteten vorbei und nahmen sich ein Stück von dem köstlichen Obst. Manche bevorzugten eher Äpfel und Birnen, andere griffen nach den Bananen und Kiwis und einige liebten Mangos und Papayas. Alles war in Hülle und Fülle vorhanden. Jeder war es gewohnt, dass die Schale immer voll war und vielfältige Köstlichkeiten darbot.

Doch eines Tages war die Schale leer. Alle waren verwirrt und traurig. Nach einer gewissen Zeit begannen sie nach der Ursache zu suchen. Man begann hektisch herumzufragen und schließlich fand man den Grund: Einige neue Mitarbeiter, die die Geschichte der Schale nicht kannten, hatten immer wieder viel mehr Obst, als sie brauchten, aus der Schale genommen und so die Schale zu schnell geleert. Die Schale war überfordert und kam mit dem Füllen nicht mehr nach. Das sollte nie wieder vorkommen! Man dachte lange nach, wie man dieses Problem lösen könnte. Schließlich behalf man sich mit einem kleinen Schild vor der Schale: Bitte nur ein Stück entnehmen! Die Schale füllte sich wieder und so war bald wieder Ruhe und Frieden im Gebäude. Die Menschen lernten, sich aus der Schale angemessen zu bedienen und für den Service der Schale dankbar zu sein.

(Gerechtigkeit, maßvolles Handeln)

Mutter und Tochter im Sportpark

Wenn es die Zeit erlaubt, gehen Mutter und Tochter gemeinsam in den Sportpark. Dort gibt es alle Anlagen für Leichtathletinnen und auch viele Geräte, mit denen man Sport treiben kann. Die Lieblingsdisziplin der Mutter ist der 800-Meter-Lauf. Eine wahre Freude, denn diese Distanz liegt ihr am Herzen. Sie zieht ihre fesche Rennkleidung an und macht sich warm.

Während dessen geht die Tochter gemächlich zum Ende der 50-Meter-Bahn, denn ihre Lieblingsdisziplin ist 50-Meter-Rückwärtsspringen. Nur komplizierte Rückwärtsbewegungen sind erlaubt - Salto, Doppelflickflack, Schraube und Ähnliches. Das ist für die Tochter jedoch kein Problem. Denn sie liebt diese komplexen Bewegungsabläufe. Sie macht sich warm. Dabei legt sie besondere Aufmerksamkeit auf die Konzentration, denn diese ist bei ihrer Disziplin am wichtigsten.

Beide stehen am Start. Die Mutter freut sich schon auf den schönen, geschmeidigen Lauf und dass sie wieder eine gute Zeit hinlegen wird. Und so starten beide zur gleichen Zeit. Während die Mutter die erste Kurve erreicht, hat die Tochter schon mehrere Meter hinter sich gebracht und zwei Salti hingelegt. Als Nächstes ist ein Doppelflickflack dran. Die Tochter genießt dabei den kurzen Kontakt mit dem Boden und dazwischen das lange Verweilen in der Luft. Was für eine Freude!

Der Mutter geht es gut – sie läuft schon auf der Gegengeraden und spürt, dass sie diesmal eine gute Zeit hinlegen wird, denn sie fühlt sich frisch.

Die Tochter hat mittlerweile fast die Hälfte der Strecke

hinter sich – nach einer kurzen Verschnaufpause macht sie weiter. Die Zeit spielt bei ihr keine Rolle, denn sie legt ihren Schwerpunkt auf Schönheit und Eleganz. Gerade sind ihr eine Felgrolle und eine Radwende perfekt geglückt. Wie schön ist es, ihre Sprünge anzusehen und die Tochter genießt es zu spüren, wie die Beine den Wind berühren.
Nun läuft die Mutter in die letzte Kurve. Sie kämpft zwar ein bisschen mit der Atmung, ist aber gut unterwegs. Die Tochter schließt mit ihrem letzten Rückwärtsdoppelsalto und einem Handstandüberschlag ab. Zufrieden landet sie auf dem Startpunkt und steht sicher wie eine Eins da. Von dort bewundert sie ihre Mutter, die in einer neuen Rekordzeit die 800 Meter hinter sich bringt. Glücklich fallen sie sich in die Arme – ein wundervoller Sporttag für beide. (Konkurrenz, Fokus)

Die gelangweilte Glocke

Es war mal eine kleine Glocke in einer kleinen Dorfkirche. Sie tat seit vielen Jahren ihren Dienst. Und das war gleichzeitig das Problem. Denn es war immer das Gleiche: Schläge zu jeder vollen Stunde und dazwischen die Viertel-, Halb- und Dreiviertelschläge. Und wenn es eine Versammlung oder einen Gottesdienst gab, musste sie zusätzlich läuten. Immer wieder das Gleiche. Hin und wieder mal ein Todesfall, aber das war keine Ablenkung. So entschloss sich die Glocke, zu streiken. Denn sie hatte weder Ruhetage, noch war sie jemals krank gewesen. Und Anerkennung gab es überhaupt nicht.

Am nächsten Morgen um sechs verweigerte sie ihren Dienst. Am Anfang merkte es fast niemand. Beim üblichen Zwölf-Uhr-Läuten war es jedoch hörbar beziehungsweise nicht hörbar. Es war ruhig im Dorf. Manche fanden das gut, andere waren verwirrt, da das gewohnte Läuten nicht mehr da war.
Nach kurzer Zeit versammelten sich die Dorfbewohner bei der Kirche zu einer Krisensitzung. Die Mechanik wurde ausgiebig kontrolliert, aber alles war in Ordnung. Die Glocke wollte einfach nicht läuten. Und daher sprachen die Leute vom Dorf zu ihr: „Liebe Glocke, du fehlst uns. Du hast bisher die Zeit strukturiert und uns Rhythmus gegeben. Du lädst uns durch dein Läuten zur Gemeinschaft ein. Wir haben dies leider als Selbstverständlichkeit abgetan und dich nie gewürdigt. Du fehlst uns schon nach einem halben Tag. Was können wir für dich tun?"
Die Glocke war verwundert über das Lob und ihre Bedeutung. „Ich hätte gerne alle zehn Jahre eine Überholung und möchte voller Achtsamkeit geläutet werden. Jeder, der mich läutet, soll kurz innehalten und sich darauf einstellen. Und ich wünsche mir jedes Jahr ein Fest, an dem ihr mich ehrt und feiert."
Da waren die Dorfbewohner froh, denn dies war in ihrem Sinne. Und so gab es ab sofort jedes Jahr ein Glockenfest und die Menschen, die die Glocke läuteten, kamen nicht mehr voller Hetze zum Läuten, sondern nutzten das Läuten als Zeit der Einkehr und Muße – denn sie waren sich nun bewusst, welche Bedeutung das Läuten hatte. (Langweile, Selbstverständlichkeit)

Erde und Himmel

Es war einmal ein Mann, der hatte es schwer. Jeder Schritt war anstrengend und er kam sehr langsam, beziehungsweise fast gar nicht im Leben voran. Er wunderte sich darüber und erhöhte seine Anstrengungen, was ihn aber nicht wesentlich weiter brachte. Seine Freunde kannten den Grund für sein Problem: Seine Füße steckten komplett in der Erde. Daher musste er bei jedem Schritt seine Füße durch das Erdreich ziehen. Er wühlte sich sozusagen durchs Leben.
Eines Abends war er wieder auf dem Weg und schaute zufällig nach oben. Er erblickte zum ersten Mal bewusst die Sterne am Himmel. War das eine Pracht! Er bestaunte die Vielfalt und Leuchtkraft der Sterne. Er wollte alles genau sehen und streckte und reckte sich. Der Himmel zog ihn wie ein Magnet aus der Erde und und so wurde sein Gang federleicht.
Die Sterne wurden zu seiner Leidenschaft und er machte sie zu seinem Beruf.
(Fokus, Umdeutung)

Die T-Frau

Es war einmal eine Frau, die war weder groß noch klein. Aber in ihrem Innersten hielt sie sich für extrem klein. Sie haderte mit ihrem Schicksal und beklagte sich fast jeden Tag über ihre Größe: Es war ungerecht, so klein zu sein und sie hatte deswegen nicht den Erfolg, den sie sich wünschte. Voller Enttäuschung krümmte sie sich ein bisschen mehr und wurde noch kleiner.

Eines Tages lag sie im Bett und jammerte, wie unverantwortlich es von ihren Eltern gewesen war, einen so kleinen Menschen zu gebären. Und so entschied sie sich zu sterben. Gerade als sie sich überlegte, wie sie sterben wollte, hörte sie von oben eine wundervolle Stimme: „Komm zu mir!“

Es war der glücklichste Moment in ihrem Leben. Gott hatte ein Einsehen mit ihr. Er verstand sie wenigstens. Und so setzte sie sich auf, richtete sich dem Himmel zu und wartete. Aber nichts geschah. Sie schaute Richtung Himmel und streckte sich sogar ein wenig.

Da bemerkte sie, dass sie ein klitzekleines Bisschen an Größe gewann. Und so streckte sie sich mehr und wurde noch größer. Wie eine Teleskop-Antenne konnte sie sich entfalten. Sie streckte sich mehr und mehr und erreichte bald die Decke des Zimmers. Und genauso konnte sie wieder kleiner werden. Sie spielte damit und wählte die Größe aus, die ihr zu passen schien.

Und ab dem Zeitpunkt tauchte das Thema nicht mehr auf und ihre Freunde wunderten sich, dass sie manchmal mit ihr auf Augenhöhe waren – aber dass es auch Momente gab, in denen man leicht den Kopf heben musste, um in ihre Augen zu blicken.

(Schicksal, Relativität)

Die kluge Seele

Es war einmal eine Seele, die bewohnte den Körper einer Frau. Meistens war sie nahe des Herzens und genoss dort die Wärme und Ruhe. Eines Tages machte es plötzlich rums, bums, wusch. Die Seele flüchtete sofort Richtung

Bauch, aber da war es auch zu hören. Da flüchtete sie nach oben in den Kopf. Gerade als sie dort ankam, ertönte es wieder - rums, bums, wusch. Panisch verließ sie den Kopf und versteckte sich oberhalb in den Haaren. Dort machte sie sich ein kleines Nest und harrte der Dinge.

Nach einer Weile hörte sie den Kopf fragen: „Hallo, weiß jemand, wo die Seele ist? Ich glaube, die ist geflüchtet!" „Normalerweise ist sie bei mir", antwortete das Herz. „Ich habe auch das Gefühl, sie ist abgehauen!" „Wir waren ihr wahrscheinlich zu laut", vermutete der Bauch. „Also, ohne Seele geht gar nichts", antwortete der Kopf, „wir müssen sie schleunigst finden, bevor sie sich einen anderen Körper sucht."„Wir gehen nicht gerade zimperlich mit ihr um", sprach der Bauch. „Gerade war ein ziemlicher Radau gewesen und das hat sie als zartes Wesen sehr mitgenommen." „Meine Güte, ein bisschen Krach zwischen uns, und hin und wieder ein reinigender Streit, ist doch nicht so schlimm, das muss sie aushalten", warf der Kopf ein. „Ich stimme dem Bauch zu. Wir können nicht so weitermachen, wir verstören sie total", warf das Herz ein. „Du hast Recht", lenkte der Kopf ein. „Wir sollten sie vor unserem Chaos schützen – vielleicht mit einer Gummizelle oder Ohrstöpseln", scherzte er. „Da hast du gar nicht so unrecht, lieber Kopf. Am besten überlegt jeder, wie wir sie beschützen und wieder zu uns locken könnten", schlug der Bauch vor.

Alle waren einverstanden und trafen sich einige Zeit später wieder. „Ich fand meine Idee mit der Gummizelle gar nicht so schlecht. Daher mein Vorschlag: eine

durchsichtige, schallisolierte Plexiglaskugel. Da kann sie rein, wenn's mal wieder zu bunt wird", meinte der Kopf. „Mein Vorschlag ist ein hübsches Nest aus Zweigen und Moos und eine Hängematte", schlug das Herz vor. „Meine Idee", sagte der Bauch, „ist ähnlich wie die vom Kopf – ein Iglu mit großem Innenraum, in dem sie all ihr Spielzeug unterbringen kann, und mit variabler Außenfarbe. Dann kann sie zwischen voll-durchsichtig bis vollkommen-dunkel wählen, je nach Stimmung." „Was wollen wir auswählen?", fragte der Kopf. „Ich habe eine Idee", sagte das Herz, „machen wir eine Mischung. Die Kugel vom Kopf, mein Nest und die Hängematte und die variable Außenwandgestaltung vom Bauch." Da waren alle zufrieden und bauten gemeinsam die Kugel. Als sie damit fertig waren, riefen sie gemeinsam: „Hallo, liebe Seele, wir haben ein Geschenk für Dich! Willst Du es nicht anschauen kommen?" Auf eine so nette Verführung ging die Seele gerne ein und sie schlüpfte wieder in den Kopf, rutschte den Hals herunter zum Herzen, wo das Geschenk liebevoll verpackt auf sie wartete. Voller Freude löste sie die Verpackung und bestaunte die schöne Kugel. Das Herz lud sie ein, ihre neue Behausung zu entdecken. Da staunte die Seele nicht schlecht, was es da alles gab: ein wohliges Nest, eine kuschelige Hängematte, schallisolierte Wände – wie der Kopf ihr erklärte und die variable Außenfassade, die sie passend zu ihrer Stimmung wählen konnte. Alle waren sehr zufrieden. Ab sofort musste die Seele nicht mehr fliehen, sondern zog sich einfach in ihre Kugel zurück.
Und die anderen lernten nach und nach, immer weniger

Lärm zu machen und friedvoller miteinander zu leben. (Ruhe, Stabilität, Rücksichtnahme, Respekt)

Der Mensch, der in die Tiefe gehen wollte

Es war einmal ein Mensch, der wollte in die Tiefe gehen. Er fing an, ein kleines Loch zu graben, das immer größer und größer wurde. Schließlich beugte er sich hinein und fing innen an zu graben und so wurde er zu einem Maulwurf.
Es entstanden wunderschöne Gänge und kleine Höhlen und er grub richtig schön und konzentriert vor sich hin. Andere unordentliche Maulwürfe beneideten ihn um seine Ausdauer und seinen Perfektionismus. So vergingen viele Wochen und Monate. Er hatte seine Ruhe und es fehlte ihm an nichts, außer, dass er mehr und mehr Rückenschmerzen bekam, da er für die Arbeit als Maulwurf nicht optimal ausgestattet war. Seine Hände taten ihm oft weh und sein Rücken, mit dem er das Erdreich rückwärts bewegte, schmerzte immer mehr. Manchmal hatte er zwar Sehnsucht, wieder einmal nach oben zu gehen, aber andererseits war er so lange in der Dunkelheit und in seinem eigenen Reich, dass er nicht aufgeben wollte.
Da die Rückenschmerzen immer schlimmer wurden, begann er vorsichtig, weiter oben zu buddeln. Bald sah er schon die Grasnarben und dann traute er sich sogar, ein wenig zwischen dem Gras hinauszuschauen. Er musste am Anfang die Augen zukneifen, da er das helle

Licht nicht mehr gewohnt war. Behutsam zwinkerte er ein bisschen und gewöhnte sich allmählich an das ungewohnte grelle Licht der Sonne. Dann konnte er Maiglöckchen und andere Frühlingsblumen erkennen. Und irgendwann entschied er sich, ganz durchzustoßen, und kam so wieder an die Oberfläche. Zuerst musste er die Erde entfernen, indem er sich über das Gras rollte. Da kam unbändige Freude auf. Endlich wieder unbeschwert herumtollen und das Leben genießen – er hatte gar nicht gemerkt, wie sehr er das vermisst hatte! Das Loch, aus dem er herausgekommen war, füllte er sicherheitshalber mit Erde, sprang mit all seiner Kraft darauf, um ja nicht in Versuchung zu kommen, darin wieder abzutauchen.

Denn an der Oberfläche war es schöner. Er konnte seine Arme bewegen und seine Rückenschmerzen verschwanden im Nu und nach einigen vorsichtigen Schritten ging er wieder ins Leben.

(Wandel, Freude)

Ernährung

Die Kunst des Abnehmens: die Richtigen fragen

Es war einmal eine Frau, die fühlte sich nicht wohl in ihrer Haut und wollte daher immer wieder mal abnehmen. Trotz guter Vorsätze war es sehr mühsam. Oft sass sie im Café und wollte sich ein zweites Schoko-croissant bestellen. Sie grübelte drüber nach, ob ihr dies gut tut.

Da meldete sich den Kopf: „Natürlich, genieße es, ich freue mich schon auf den Zucker, dann kann ich klarer denken."

Gleich danach hörte sie Zähne: „Ritsche, Ratsche, super, ich stelle mir schon vor, wie ich den Teig dieses sanften Supercroissants zerkleinern werde! Was für eine Freude!"

Und schließlich hörte sie auch die Speiseröhre: „Das Ganze schlucken, ein Fest für mich und den Magen, der dann daraus viele viele wertvolle Teile macht. Bestell Dir unbedingt noch ein Zweites und genieße den vollen Geschmack".

Und so kam das Unvermeidbare: Sie bestellte, aß und wurde immer dicker und dicker.

Eines Tages saß sie wieder in ihrem Lieblingscafé. Der Duft des frisch gebackenen Croissants verführte sie. Da sie ein wenig müde war, fragte sie irrtümlich zuerst ihre Füße.

Die antworteten sofort: „Bist Du wahnsinnig. Endlich fragst Du uns. Wir müssen das zusätzliche Gewicht tragen! Wir sind schon ganz fertig und können nicht mehr.“
Dem schlossen sich die Knie an: „Außerdem belastest Du uns zu stark! Unsere Knorpel sind schon ganz abgeschliffen. Wie kannst Du nur an ein weiteres Croissant denken!!“
Und schließlich meldete sich der Magen: „Ja, die oben haben schon recht! Es ist aber ein kurzzeitiger Genuss! Doch was soll ich mit all dem Zucker machen? Davon habe ich mehr als genug! Ich muss ihn irgendwo lagern. Hör damit auf und erleichtere mir die Arbeit.“
Da war sie erstaunt. Anscheinend hatte sie immer die Falschen gefragt.
Und so wechselte sie die inneren Gesprächspartner. Kilo um Kilo verschwanden und sie war wieder glücklich wie in ihren jungen Jahren.
(Abnehmen, Metageschichte)

Essen für zwei

Es war einmal eine Frau, die hatte zwei Kinder und sie wollte mehr. Sie liebte sie über alles und freute sich schon auf das dritte. Da sie wenig Platz in der Wohnung hatten, entschied sie sich - gemeinsam mit ihrem Kopf und ihrem Mann, ein wenig zu warten. Leider hatte sie dabei ihr Herz und ihren Bauch vergessen. Denn das Herz war schon voller Erwartung auf das dritte Kind und der Bauch unterstützte dies mit Herzenskräften. Daher fing die Frau - ohne es zu merken - an, für zwei zu essen. Das war relativ schnell sichtbar und innerhalb kurzer Zeit sah der Bauch aus wie ein Schwangerschaftsbauch. Und der Bauch wurde immer größer und die alte Kleidung wurde immer enger. Auch hatte sie zusehends mehr Schwierigkeiten, im Bett zu liegen und Bewegungen wurden – wie bei einer Schwangeren – immer behäbiger. Langsam fingen der Bauch und das Herz an, sich Sorgen zu machen. Sie wussten nicht, was passiert war und in ihrer Not fragten sie den Kopf. „Hei, du da oben, weißt du was vom dritten Kind?“ Und der Kopf antwortete: „Drittes Kind? Wisst ihr denn nicht, dass wir vor über einem Jahr entschlossen haben, die Planung des nächsten Kindes auf später zu verschieben?“

„Natürlich nicht!“, antwortete der Bauch, „aber das ist ja wieder typisch. Keiner spricht mit uns, wir müssen uns immer um alles selbst kümmern! Wir sind immer die Letzten, die was erfahren. Das ist einfach unmöglich!“ Der Bauch wurde ein wenig beleidigend und das Herz war ein wenig schockiert. „Dann kann ich mal wieder alles abblasen – jetzt muss ich nicht mehr für zwei essen und brauche mich nicht mehr anzustrengen.“ Nach einer geraumen Zeit beruhigte sich der Bauch und der Kopf half ihm, wieder seinen normalen Umfang zu erreichen. So waren die Kilos in kurzer Zeit verschwunden und es entstanden sogar ein paar neue Muskeln – denn die beiden Kinder der Frau wollten ständig Fangen spielen und hin und wieder wollte die Mutter dabei gewinnen.

(Kommunikation, Abnehmen)

Der Bauer mit dem großen Land

Es war einmal ein Bauer, der hatte ein großes Land. Fast jeden Tag lief er sein Land ab und kam erst am Abend wieder erschöpft nach Hause. Das war anstrengend und er war müde vom Laufen.

Eines Nachts träumte er, wie schön es wäre, das Land immer bei sich zu haben: Sein rechter Oberarm war das östliche Gebiet und sein linker das westliche. Die Brust war der Süden und sein Bauch der Norden. Ganz weit im Norden stellte er sich in seinen Oberschenkeln die weitesten Ländereien vor. Das war prima. So konnte er sich am Morgen beim Frühstück sein Land vorstellen und in Gedanken durch die Gebiete bewegen. Er brauchte nicht mehr herumzulaufen und machte alles im Sitzen. War das eine Freude! Und es kam dazu, dass die Gebiete immer größer wurden: da er sich nicht mehr bewegte und dadurch die körperlichen Ländereien an Umfang zunahmen.

Und so saß er ab sofort nur noch in seinem bequemen Stuhl und träumte von seinem großen Besitz, den seine Diener bestellten. Bald musste er sich einen neuen Stuhl kaufen, denn der Alte wurde zu eng.

Langsam veränderte sich sein Land. Manche Gebiete waren nicht mehr fruchtbar und er erntete weniger. Die Flüsse verödeten und es entstand Wassermangel. Da er sich um die Diener nicht kümmerte, wurde mancher Acker nicht mehr bestellt. Und es ging ihm immer schlechter und schlechter.

Eines Tages wurde es ihm zu viel. Es war zwar schön,

alles ohne großen Aufwand zu erledigen, aber er erkannte, dass er sich wieder persönlich um sein Land kümmern musste. Seine Präsenz war entscheidend, sonst war er erledigt. So kümmerte er sich zuerst um sein Haus und dann war der Garten dran. Nachdem diese wieder in Ordnung waren, begann er kleinen Ausflügen in die nähere Umgebung zu machen. Schon nach kurzer Zeit weitete er weite Ausflüge und die Fehler, die sich in der Zwischenzeit eingeschlichen hatten, wieder ausgleichen. Schließlich bereiste er bald wieder sein ganzes Land. Statt jeden Tag alles anzuschauen, verteilte er seine Kontrollgänge auf die Woche. Ein Tag der Süden, ein Tag der Norden, ein Tag der Osten und ein Tag der Westen. Am 5. Tag sein Haus. Und an den beiden anderen Tage ruhte er.

(Aufmerksamkeit, Gier, Abnehmen)

Drei Weisen, die Welt zu verstehen

Es war einmal ein Junge, der wollte die Welt verstehen. Schon als Kind war die Welt der Erwachsenen für ihn ein faszinierendes Feld. Da er mit schneller Auffassungsgabe, logischem Denken und gutem Gedächtnis gesegnet war, fiel es ihm leicht, Muster zu erkennen und Annahmen aufzustellen. Um die Welt systematisch zu erkunden, schien ihm die Logik ein adäquates Mittel. Daher wählte er sie als Studienfach und entwickelte große Gedankengebäude: Manche aus Stahlbeton, andere waren nur ein Gittergerüst, manche dünn oder dick und manche konnten beim leichtesten Windhauch zusammenfallen. Er war zufrieden mit der Vielfalt und der gewonnenen Klarheit. Er hatte das Gefühl, der Welt näher zu kommen. Später lernte er eher zufällig ein neues Feld kennen: die Innenwelten. Wie üblich ging er darin mit ganzer Kraft, Beharrlichkeit und Ernsthaftigkeit auf. Bald hatte er dabei große Erfolge. Innerhalb kurzer Zeit konnte er sich in die Strukturen, Systeme und Einzelwesen hineinversetzen. Das war spannend und befriedigend – ein rundes Gefühl und eine gute Ergänzung für seine eher kühle Logik.

In den laufenden Jahren perfektionierte er diese Welt mehr und mehr. Er konnte mithilfe seiner Sinneskanäle in sie hineintauchen, schnuppern, schmecken, riechen, sehen und hören. Alles schien in Ordnung zu sein und gleichzeitig fehlte etwas. Die Lösung kam ihm beim Essen - einer seiner Lieblingsfreuden. Er fragte sich schon lange, warum Essen so erfüllend war und hatte nun die Lösung.

Durch die physische Aufnahme von Nahrung (und auch über die Lungen und die Haut) nahm er mehr und mehr die Welt in sich auf – unzählige Atome, Moleküle etc. fanden so Heimat in ihm. Er hatte sozusagen die Welt Stück für Stück verinnerlicht. Jeder Bissen und jeder Luftaustausch brachte ihn näher an alles. Und es ging sogar weiter. Irgendwann war er alles in allem.

Seit dieser Erkenntnis wurde sein Leben ein bisschen ruhiger, denn er hatte sein Ziel, die Welt zu verstehen, erreicht. Und so saß er oft vergnüglich an einem großen Tisch: zu seiner Linken seine geliebte Logik, rechts die Innenwelten und an der Spitze des Dreiecks er in seiner

WELT. Und ab und zu, immer wieder, von Zeit zu Zeit, fand auch seine Frau ein Plätzchen irgendwo dazwischen.
(Abnehmen)

Mit Freundinnen im Café

Es war einmal eine Frau, die zog wegen eines Arbeitsplatzwechsels weg von ihrer Heimatstadt in eine weit entfernte Stadt. Dort war es sehr schwierig, Freunde zu finden, und so fühlte sie sich am Anfang ziemlich einsam.
Da sie ihre Freundinnen vermisste, machte sie es sich zur Gewohnheit, einmal in der Woche in das schönste Kaffeehaus der Stadt zu gehen. Dort wählte sie einen größeren Tisch aus und stellte sich vor, dass ihre zwei Lieblingsfreundinnen auch da wären. Sie bestellte Kaffee und Kuchen für drei Personen und aß im Laufe des Treffens alle drei Kuchenstücke genüsslich auf.
So ging es mehrere Wochen und die Schlemmerei hinterließ ihre Spuren. Die Kleidung passte nicht mehr und sie hatte Probleme beim Gehen.
Eines Tages saß sie wieder im Café und wollte Kuchen für drei bestellen. Da besann sie sich aber eines besseren und sagte zu sich selbst: Reden ja, Kuchen nein.
(Abnehmen)

Die liebe, fette Sau

Es war einmal eine wirklich fette Sau, fast schon reif zum Schlachten. Aber das war nicht möglich, da die Sau kein Tier, sondern eine Frau war. Fast alle Leute, die sie sahen, dachten dasselbe: so eine fette Sau. Wie kleine Kinder ergötzten sie sich an diesem verbotenen Worten: fette Sau, absolut fette Sau. Das war einfach schön, so zu denken oder dies innerlich ganz leise auszusprechen. Das machte Spaß und brachte manchen – die sich insgeheim auch ein bisschen dick fühlten, eine große Erleichterung. Es war beruhigend, zu sehen, dass es noch dickere Menschen gab.

Von dem allen nahm unsere fette Sau keine Notiz. Sie wunderte sich hin und wieder, wenn ihre Mitmenschen sie etwas seltsam anschauten, aber das war ihr gleich. Denn sie fühlte sich wie eine schlanke Ballerina, die in süßen, kleinen Schrittchen ihren zweiten Pudding oder ihre dritte Portion Spaghetti aus der Küche holte. Sie hatte – als sie jung war – Ballett-Unterricht, von dem sie lange zehrte. Zudem wollten ihre Eltern immer das Beste und hatten sie unabhängig ihrer Gestalt sehr lieb. Und so war alles in Ordnung.

Aber eines Tages passierte es: Ein vorlauter Jugendlicher dachte leider zu laut. Er sprach aus, was alle dachten: „Frau, bist du fett", sagte er zu ihr und grunzte fröhlich dazu. Er konnte doch nicht sie meinen. „Ich bin schlank und schön", antwortete unsere fette Sau.

„Dass ich nicht lache, schau doch in den Spiegel oder an dir herunter. Du kannst ja schon lange deine Füße nicht mehr sehen. Bist du ein Allesfresser, wie die Schweine?"

Das war aber zu viel. Sie schaute herunter und sie musste ihm Recht geben. Die Füße konnte sie nicht sehen, aber wozu auch. Wichtig war die Straße und dass sie nicht über die Füße stolperte. Daher antwortete sie: „Warum soll ich meine Füße sehen?“ Da war der Jugendliche total verblüfft und konnte nichts mehr sagen. Ihm blieb die Spucke weg. „Dann leb so weiter, wie du willst, es ist sowieso alles egal“, hörte sie noch und dann machte er sich aus dem Staub. Denn er bekam langsam ein schlechtes Gewissen, dass er so offen gewesen war. Vielleicht war sie ja krank, hatte was mit den Drüsen, oder bekam bald Drillinge. Auf alle Fälle wollte er selbst nie so ausschauen, oder eine Freundin haben, die so aussah. Während er verschwand, begannen die Füße der Frau zu sprechen: „Du liebst alle, aber nicht uns, sprachen die Füße. Wir müssen all die Last tragen und brechen schon fast zusammen. Sei doch so lieb und liebe dich mit allem, nur nicht mit zu viel Nahrung. Dann haben wir es leichter und du kannst deinen Weg besser gehen“.
Da sie zu allen lieb sein wollte, zog sie ein wenig Liebe zu Pudding, Crèmes, Spaghetti und Pizza ab und begann mehr und mehr ihren Körper zu achten. Mittels ihrer Sinnesorgane konnte sie vieles genießen: Musik, Sprache, Gespräche, Bilder, innere Filme, Kino und schöne Düfte kamen dazu. Ihr Leben wurde immer sinnenvoller und ihr Körper immer leichter. Mehr und mehr erinnerte sie sich an die Ballettzeit und sah bald wieder aus wie damals.
(Umdeutung, Wandel)

Gewohnheiten ändern

Die Elfe und die große Leere

Es war einmal eine klitzekleine Elfe. Sie war Meisterin der inneren Leere. Dies ist die Fähigkeit, nur wahrzunehmen, keine Interpretationen zu machen oder Bedeutungen zuzuordnen.
Und das Außergewöhnliche an ihr war, dass sie dazu auserkoren war, diese Tugend an andere zu übertragen.
Und so schwebte sie umher und hielt Ausschau nach Menschen im Grübel-, Sorgen- oder Schimpfmodus. Hatte sie jemanden entdeckt, flog sie zu ihm hin, setzte sich auf seine Schulter, auf die Nase oder auf den Kopf. Durch die Berührung übertrug sie ihre magische Leere. Schwuppdiwupp hörten sie auf zu schimpfen, kamen sogar auf den Gedanken, dass die andere Person etwas anderes gemeint hätte oder eigentlich ganz nett sei. Sorgen wurden kleiner und erste kreative Lösungen zeigten sich. Und die Grübler fingen plötzlich damit an, die Natur um sich zu erkennen, sich an Bäume, Blumen und spielende Hunde oder Kinder zu erfreuen.
Und wenn Sie eines Tages wieder mal in einem negativen Modus sind und plötzlich umschwenken, könnte es sein, dass unsere Elfe sie gerade besucht.
(Achtsamkeit, Fokus)

Schieben oder fahren

Es war einmal ein Mann, der kaufte sich sein Lieblingsfahrrad. Es sah gut aus, hatte 24 Gänge, eine wirkungsvolle Schaltung und eine ausgezeichnete Lichtanlage.
Und so sah man ihn häufig mit seinem Fahrrad auf der Straße. Seltsamerweise schob er aber sein Fahrrad. Egal, ob er es eilig hatte oder nicht, ob es bergauf oder bergab ging, ob es regnete oder nicht, immer schob er das Fahrrad. Nach einiger Zeit fragten ihn die Freunde, warum er das Fahrrad denn nicht benütze. Er gab eine Menge kluger Antworten:

- Es sei zu früh
- Es müsste eingeschoben werden
- Er wäre eine zu große Belastung
- Er müsste sich noch an ein so wunderbares Fahrrad angewöhnen
- Es wäre zu gefährlich
- Er könnte sich verletzten
- Er hätte Angst vor der Geschwindigkeit

und so weiter und so weiter.

Es gab natürlich zu jeder Ausrede eine Gegenrede, aber kein Freund oder Bekannter konnte ihn überzeugen, das Fahrrad zu benutzen. Und so vergingen die Tage.
Eines Tages traf er einen klugen Mann, der ihn auf sein seltsames Fahrradschieben ansprach. Diesmal gab es als Ausrede, dass zu wenig Luft in den Reifen wäre. Aber der Mann prüfte es nach und beide Reifen waren prall gefüllt. Auch weitere Ausreden konnte er entwerten. Bis

die Frage kam: Willst du überhaupt dein Fahrrad jemals benutzen? Der Mann bejahte die Frage, gab aber ehrlich zu, dass es irgendetwas gäbe, was ihn daran hindern würde. Irgendwie war es ihm nicht erlaubt, das Fahrrad zu benutzen. Der Weise fragte: Wer hat es dir denn verboten?

Der Mann fing an, ihm bekannte Personen durchzugehen: die Eltern, die Großeltern, die Geschwister, die Tanten, Onkel und die Lehrer. Aber alle hatten nichts gegen eine Fahrradnutzung gehabt. Er ging weiter und dachte über seine Kindheit nach. Dort erinnerte er sich an seinen ersten Freud, der älter war und ihn dominiert hatte. Hin und wieder hatte er ihm etwas verboten und er hatte damals aus Angst gehorcht. Es ging immer um eine Kleinigkeit, wie zum Beispiel, seinen Fußball nicht zu verwenden oder einen Weg nicht zu gehen.

Jetzt war der Bann gebrochen. Es war Zeit, sich von den alten Geschichten zu trennen. Er dankte dem Weisen und nahm all seinen Mut zusammen. Er schwang sich leicht auf das schöne Fahrrad. Er schaltete den passenden Gang ein und wuschwusch war er hinter der nächsten Kurve verschwunden.

(Muster)

Das neugierige Flugzeug

Es war einmal ein Flugzeug, das war sehr neugierig und zugleich vorsichtig. Vor jeder Landung flog es ein paar Schleifen um den Flughafen, um alles genau zu beobachten: die Zubringerbusse, das Flugfeld, die verschiedenen

Start- und Landebahnen, die Lastwagen mit Kerosin, die Gepäckwägelchen. Das war eine große Freude. Manchmal vergaß es dabei die Landung und die Leute im Tower mussten es öfters ermahnen, endlich zu landen. Wenn eine direkte Landung möglich gewesen wäre und es trotzdem eine zusätzliche Schleife flog, wurde die Flugsicherung sehr wütend.
Und eines Tages passierte die Beinahekatastrophe. Wie üblich drehte es seine Schleifen, als es plötzlich feststellte, dass das Kerosin ausgegangen war. Um den drohenden Absturz zu verhindern, musste es eine Notlandung auf einer sehr kurzen Landebahn hinlegen. Danach war es fix und fertig und versprach, ab sofort mehr auf den Tower zu hören und Schleifen nur zu fliegen, wenn es unbedingt notwendig war.
(Widerstand)

Die Verwandlung einer Geraden

Es war einmal eine gerade Linie. Sie fing ganz weit links an und reichte ganz weit nach rechts. Es ging ihr sehr gut, denn sie hatte ein klar ausgerichtetes Leben. Es gab keine Überraschungen. Und so lebte sie eine ganze lange Weile.
Aber eines Tages bemerkte sie zu ihrer Überraschung, dass es Abweichungen in ihr gab. An manchen Stellen waren kleine Auswüchse, die sich mehr und mehr vergrößerten. Bislang war sie stolz, gerade zu sein und diese Beulen – wie sie sie bezeichnete, gefielen ihr gar nicht. Und so unternahm sie einige Anstrengungen, um dies zu

unterbinden, ja sogar wieder ihre exakte, klare Form zurückzugewinnen.
Aber leider gelang ihr dies überhaupt nicht. Es wurde sogar schlimmer. Die Beulen wurden immer größer und sie hing schon an einigen Stellen richtig durch. Gleichzeitig gab es auch noch Blasen nach oben. Sie schien von einem gefährlichen Virus erfasst worden zu sein, denn es gab kein Entrinnen. Niemand konnte ihr helfen und sie war dem Geschehen vollkommen ausgeliefert.
Da es eine kluge Linie war, entschied sie sich, aufzugeben. Und da geschah das Unfassbare. Alles wurde noch schlimmer und gleichzeitig schöner. Denn die nach unten gerichteten Beulen und die nach oben gerichteten Blasen wurden immer runder. Innerhalb kurzer Zeit verwandelte sie sich in eine Welle. Das war ja spannend. Sie hatte nicht gewusst, dass es was anderes als eine gerade Linie gibt. Ein neues Universum tat sich für sie auf. Sie tanzte durch den Raum und war bald so geschmeidig, dass sie ihre Wellenform beeinflussen konnte.
Und so verschmolz sie mit ihrer neuen Form und freute sich auf neue Abenteuer. Und bis dahin erfüllte sie den Raum mit einer fröhlichen, ausgelassenen Schwingung.
(Anpassung, Offenheit)

Die alte Schallplattensammlung

Es war einmal ein Mensch, der immer eine riesige Tasche mit Schallplatten mit sich herum schleppte. Außerdem hatte er schöne Schaukästen mit goldenen

und silbernen Schallplatten daheim stehen. Auf jeder Schallplatte befand sich eine wichtige Botschaft für ihn.
Am Anfang jeden Jahres wurden alle Schallplatten begutachtet und diejenigen, die in diesem Jahr nicht aufgelegt worden waren oder ihm nicht gefallen hatten, gab er ins Archiv – eine schöne Holzkiste im Keller. Es waren nur die Schallplatten in den Schaukästen, die er täglich zur Hand haben musste und die er daher regelmäßig putzte. Er konnte die Platten in einen Gebrauchtplattenladen bringen und sie gegen andere eintauschen. Oft ergatterte er ein Schnäppchen, indem er eine gute Platte günstig erwerben und in seine Sammlung aufnehmen konnte. Es war faszinierend, die Leute in diesem Laden zu beobachten. Manche suchten tagelang nach Platten, andere mussten die Platte, die sie ausgewählt hatten, vor dem Kauf noch zigmal probehören und heulten dabei vor Freude oder vor Leid. Es gab sogar Gerüchte, dass einige Freigeister ihre Platten auf den Müll warfen. Das ist harter Tobak, aber wenn es klappt, warum nicht. Angeblich sei nichts passiert. Allerdings blieb den meisten unklar, wie sich diese Freigeister im Leben zurechtfanden, wenn sie sich nicht mehr an den bewährten Botschaften der Schallplatten orientieren konnten. Den meisten schauderte es bei dieser schrecklichen Vorstellung. Am besten war es doch, die alten Platten aufzubewahren, vielleicht wollte man sie ja später nochmal in Ruhe genießen.
Melancholische Schallplattenfreunde reinigen sogar mit Spezialflüssigkeit die Rillen, um die alten Melodien nochmals in guter Klangqualität anzuhören. Dann gibt

es welche, die hören sich ihre alten Platten in schnellerer Geschwindigkeit an und besondere Genießer schalten auf langsame Geschwindigkeit um, um alles ganz, ganz langsam zu hören und somit die Verbindung zu verstärken.
(Vergangenheit)

Hoch hinaus

Es war einmal ein kleiner Junge, der wollte ganz nach oben. Am liebsten spielte er mit Raketen, Kanonen und Gewehren. Alles, was schnell nach oben flog, hatte eine große Attraktivität für ihn. Eines Tages wurde ihm gezeigt, wie man Papierflieger bastelt. Das war eine Freude. Er verstand es sofort und bald waren die ersten Prototypen gebaut. Er warf sie mit großer Leidenschaft nach oben, aber leider fielen sie schnell wieder auf den Boden. Er konnte sich noch so anstrengen, aber der Boden war immer das Endresultat all seiner Bemühungen.
Irgendwann gab er auf und warf den gerade gebastelten Superflieger einfach nach vorne weg. Da sah er, wie der Flieger langsam aber stetig hochstieg und in einer langen, langen, leichten Kurve wieder auf dem Boden landete. Das sah sehr gut aus. Ab sofort war er stolz darauf, Flieger zu basteln, die ganz lange in der Luft waren und dann gemächlich auf dem Boden landeten.
Somit hatte er für sich ein neues Spiel entdeckt und er vergaß mehr und mehr die Raketen und Kanonen.
(Wandel, Aggression)

Gedanken aus der Weichenstellzentrale

Ich möchte mich kurz vorstellen: Ich bin bei dir, lieber Mensch diejenige, die aufgrund deiner Entscheidungen immer die Weichen stellen muss. An sich ist mein Leben einfach: Du triffst eine Entscheidung und ich stelle die Weichen. Meistens fällt mir dies sehr leicht, aber hin und wieder ist es ein harter Job. Denn aufgrund meiner Erfahrung weiß ich manchmal, dass diese Entscheidung eine falsche ist. Dennoch muss ich die Weiche stellen und manchmal führt dies zu einer Enttäuschung oder einem Unglück. Manchmal kann ich durch eine kurzfristige Weigerung das Stellen verzögern oder laut „rechts statt links" schreien. Meistens bist du dann so beschäftigt, dass du meine Stimme nicht hörst. Aber so ist das Leben: Bisweilen ist ein kleiner Unfall sinnvoll für die persönliche Entwicklung oder er verhindert Langeweile. Wie wir alle wissen, bräuchte man einen Riesencomputer um alle Entscheidungswege - wie in einem Schachspiel - durchzurechnen, die sich langfristig als richtig erweisen. Man müsste auch wissen, was herauskommen soll, und das weiß man ja nicht immer. Na ja, da kann man nichts machen.

Also, dann wünsche ich dir weiter viele richtige Entscheidungen und wenn du manchmal merkst, dass eine Entscheidung sich zäh anfühlt, denk an mich, höre gut hin und überlege nochmal, ob du die Entscheidung so treffen willst. Alles Liebe, deine Weichenstellerin.

(Entscheidung)

Körper

Wirbelsäule an Chefin – ein Brief

Liebe Chefin,
Ich bin's, Deine Wirbelsäule. Ich weiß, dass Dir alles weh tut und ich Dir große Schmerzen bereite. Deswegen willst Du mich operieren lassen und da bin ich total dagegen. Deshalb schreibe ich Dir.
Weißt Du, dass Du eine Königin bist. Und ich bin Deine Dienerin, um dir einen königlichen Gang und eine würdevolle Haltung zu ermöglichen. Tagein, tagaus tue ich mein bestes, damit Du Deine Berufung leben kannst. Ich bin ein zartes Wesen und bemüht, es jedem Recht zu machen.
Aber was tust Du? Du malträtierst mich bis zu 3 Stunden mit Kraftübungen und Kampfsport. Dafür bin ich nicht geschaffen.
Am Anfang habe ich mich im wahrsten Sinne des Wortes „zusammengerissen" und mitgemacht. Zusätzlich belastest Du mich durch unnötige Sorgen und Stress. Dann verspanne ich mich und bin nicht mehr flexibel. Eine Operation ändert nichts.
Daher meine Bitte an Dich: Mach langsame Übungen. Sei verliebt in mich, spüre und dehne mich. Höre achtsam auf meine Rückmeldungen. Wenn ich ausgeruht und entspannt bin, sind hin und wieder 2 Stunden Training ok. Dazwischen übe Dich in Deiner königlichen Haltung - geh selbstbewusst, majestätisch und mit Leich-

tigkeit durchs Leben.
Höre auf mich, mach weniger und genieße Dein Königinnensein.
(Überforderung, Achtsamkeit)

Effektive Arbeitsteilung

Es war einmal ein Mann, der hatte ein Geschäft mit ein paar Angestellten. Es lief sehr gut und er hatte sein Auskommen. Er hatte immer wieder Kopfschmerzen, die er aber ignorierte, da er ja viel zu tun hatte.
Im Laufe der Zeit kamen dann noch Herzschmerzen dazu. Als auch der Magen Probleme bereitete, fühlte er sich gezwungen, darüber nachzudenken. Er war ein Mensch, der alles mit voller Begeisterung und vollem Energieeinsatz machte. Seine Mitarbeiter beklagten sich häufig, dass er sich immer wieder in ihre Arbeit einmischte und dadurch oft die Sachen mehr Zeit brauchten. Das zermürbte die Mitarbeiter.
Daher besprach er sich mit einem guten Freund, wie die Arbeitsteilung im Betrieb besser organisiert werden könnte. „Buchhaltung macht Buchhaltung, Werbung macht Werbung und Produktion produziert." Das war ein Spruch seines Freundes, der im zu Denken gab.
Was wäre denn, wenn er sich nur mit seinem Lieblingsthema Entwicklung beschäftigen würde? Das war eine interessante Idee und er entschloss sich, es einmal vier Wochen zu versuchen.
Das Experiment glückte und alle waren zufrieden. Nur seine Schmerzen waren immer noch da. So kam er auf

die Idee, das Konzept mit der Firma auf seinen Körper zu übertragen. Der Kopf sollte denken, das Herz für Energie sorgen, und der Magen sollte verdauen.
Bislang belastete er alle Organe mit seinen Problemen, statt wie in der Firma die Arbeit zu verteilen:
Die Steuererklärung machte ab sofort nur der Kopf beziehungsweise wurde sie delegiert; das Mitarbeitergespräch führte sein Herz mit Kopfanteil; die Entscheidung für eine Investition machte abschließend der Bauch; das Gespräch mit seinem Sohn das Herz.
Und so tat jeder sein Bestes.
(Verwirrung)

Warum es Halsentzündungen gibt

Wie Sie vielleicht wissen, herrscht in unserem Körper bei manchen Zellen der Vier-mal-sechs- oder Zwei-mal-zwölf-Stunden-Tag, das heißt, manche Zellen arbeiten jeweils sechs, beziehungsweise zwölf Stunden und haben dann Freizeit. Es gibt eine große Anzahl von netten Aktivitäten, die man in dieser Zeit unternehmen kann. Die meisten Zellen hängen ein wenig rum, schlafen, waschen sich, regenerieren oder – wenigstens die weiblichen – unterhalten sich einfach.
Es gibt jede Menge Sportangebote im Körper: Rutschen, springen oder eine spezielle Art Bungeejumping sind gerade sehr in Mode. So wurde eine tolle Rutschbahn entdeckt: Man kann nämlich auf der Zunge hinunter in den Hals und die Luftröhre entlang in den Magen springen. War das ein Fest, als es zum ersten Mal entdeckt

wurde! Zuerst nur ein langsames, vorsichtiges Herantasten und relativ aufrecht ging es durch den Hals und am schönsten war das Hineinplumpsen in den Magen. An manchen Tagen war die Rutschfläche sehr glatt und es war ein schnelles Gleiten, manchmal war sie etwas rauer und daher langsamer. Vielen jungen Zellen war es lieber, wenn es zu Übungszwecken etwas langsamer ginge, aber das war ja immer wieder Zufall. Bis endlich spezielle Zellen auf die Idee kamen, bewusst die Halsinnenfläche etwas rauer zu gestalten, damit Anfänger zuerst mit langsamer Geschwindigkeit die Rutschmöglichkeit genießen konnten. Und so geschah es, dass ein bis zweimal im Jahr, bei manchen Menschen häufiger, oft aus unerfindlichen Gründen, der Hals etwas rauer wurde. Mit dem Einnehmen von Lutschtabletten, beziehungsweise Salbeitee wird dieses Vergnügen für die Zellen wieder verringert. Dennoch sind sie froh, wenigstens einige Tage das Rutschgefühl zu genießen und ohne große Verletzungen in die Magenflüssigkeit zu fallen. Prost.
(Sichtweise, Spaß)

Das weise Auge

Es war einmal ein Auge, das ziemlich groß war und viel umherschaute. Es sah nur schwarzweiß, aber das machte ihm nichts aus, da es Farben nicht kannte. Und es hatte eine besondere Gabe: Es konnte sich unwahrscheinlich viele Gedanken machen. Zu jedem Blick tauchte sofort der passende Gedanke auf. Und es merkte sich alle.

Nach vielen, vielen Jahren des Sehens und gleichzeitigen Denkens wurde es immer müder und müder. Eines Tages war das Auge so erschöpft, dass es nichts mehr sehen wollte. Das Augenlid war so entkräftet und konnte sich kaum öffnen. Eine Änderung war unabdingbar. Wohl oder übel beschloss es, sich ab sofort nur mehr auf das Sehen zu konzentrieren. Das gleichzeitige Denken raubte ihm alle Energien, denn es wusste nie, ob die Gedanken der Wahrheit entsprachen. Beim Sehen war das anders: Das Bild war ein objektiver Beweis. Die Entscheidung war eine Wohltat. Einfach nur sehen: Bilder und sonst nichts – nur Bilder, die meist sehr schön waren.
Natürlich kam nach einiger Zeit ein bisschen Langeweile auf, da dem Auge die Aufregung durch das Denken fehlte. Da es aber mehr Zeit zu beobachten hatte, bemerkte es, dass sich die Qualität der Bilder änderte. Das Schwarz war nicht mehr so richtig schwarz und das Weiß nicht mehr weiß. Es hatte schon Angst, dass seine Sehschärfe nachlässt, aber komischerweise war alles klar, nur differenzierter. Es nahm nun eine fast unendliche Anzahl von neuen Grautönen wahr, die irgendwie nicht mehr grau waren. So konnte es nun, zum Beispiel, den Reifegrad von Äpfeln anhand dieser neuen Wahrnehmungsfähigkeit unterscheiden. Auch der Himmel und die Sonne waren plötzlich anders - heller und fröhlicher. Es hätte niemals gedacht, dass es etwa anderes gab außer Schwarz und Weiß. Das war alles so spannend, dass es das frühere Bewerten vergaß und es sich nur auf die Farben konzentrierte. Und jeden Tag vergrößerte sich ihre Vielfalt und Pracht. (Horizont,

Flexibilität)

Die überforderten Augen

Es waren einmal zwei wunderschöne Augen. Viele Jahre lang taten sie ihr Bestes, aber eines Tages fing das eine Auge an zu zucken und das andere tränte immer wieder. Eine Untersuchungskommission wurde eingesetzt und kam auf folgendes Ergebnis:

Die Sinnesorgane Augen hätten ihren Aufgabenbereich unnötig erweitert und wären daher in eine Überforderungssituation geraten. Sie hätten nicht nur gesehen, sondern unnötigerweise große Datenmengen gesammelt und ausgewertet. Das war nicht ihr Job, sondern der des Gehirns. Ab sofort gilt daher folgende strenge Arbeitsplatzbeschreibung:

Täglich maximal sechzehn Stunden sehen und die Information postwendend über Nervenleitung an das Gehirn schicken. Reiner Datendurchfluss in höchster Qualitätsstufe, immer 3 D. Nachts ist Sehen nicht erlaubt, sondern die Augen werden geschlossen und sind in Ruhe. Leichtes Zucken oder Minibewegungen aufgrund von Träumen sind gestattet. Grün ist grün, blau ist blau, gelb ist gelb, schwarz ist schwarz, Licht ist Licht. Jede unerlaubte Bewertung führt zu Reduktion von Vergünstigungen. Längeres Zwischenlagern von Bild- und Bewegungsmaterial ist nur aus technischer Notwendigkeit erlaubt, ansonsten: direktes Durchreichen (Livestream) der Daten.

Wenn Information nicht verstanden wurden, ist dennoch Weiterleitung verpflichtend. Hin und wieder werden Informationen vom Gehirn an die Augen

zurückgeschickt, um aufgetretene Verzerrungen, Artefakte, etc. zu analysieren und schnellstmöglich Fehler abzustellen.
Ziel der Maßnahme ist es, die Überforderung der Augen zu beenden und damit das Zucken und das Tränen. Zusätzlich wird der Wunsch, alles sehen zu müssen und überall dabei sein zu wollen, aus gesundheitlichen Gründen verboten und das Fokussieren auf das Wesentliche empfohlen.
(Stress, Vielfalt, Neugier)

Die auswanderungswilligen Ohren

Es waren einmal zwei Ohren, die besten, die es je gab. In der Kindheit hörten sie alles, erkannten jede Stimmung und differenzierten beim Musizieren jeden Ton – fast wie ein absolutes Gehör.
Als der Beruf kam, wurden die Belastungen immer größer. Es ging es mit den Ohren abwärts, denn sie wurden immer mehr missachtet. Sie nahmen zwar alles in höchster Qualität wahr, aber die Informationen wurden entweder ignoriert oder nicht mehr verarbeitet. Die Ohren fanden das ziemlich enttäuschend, denn so war ihre Arbeit oft umsonst.
So begannen sie sich zu beschweren, aber niemand hörte ihnen zu. Und so entschlossen sie sich, trotzig ihre Arbeit schlechter zu machen. Man würde dann schon merken und hören, wie wichtig sie waren. Zuerst begannen sie, die Qualität zu verschlechtern. Dies wurde aber durch Nachfragen, lauter Sprechen oder durch Ignorieren

torpediert. Also mussten sie zu stärkeren Waffen greifen. Ein kleines Rauschen, beziehungsweise ein leichtes Pfeifgeräusch waren ihre erste Wahl. Sie wollten ja nur ein wenig ärgern und auf sich aufmerksam machen. Jedoch erzielten sie damit keine spürbare Wirkung. Es wurde einfach als Alters- und Stresserscheinung abgetan und das Leben lief so weiter. Die Ohren wussten keinen Rat mehr. Sie erhöhten das Pfeifgeräusch, aber die Ignoranz wurde größer. Niemand verstand ihre Botschaft. So entschlossen sie sich, auszuwandern. Sie wollten sich einen anderen Chef suchen, der ihnen die verdiente Anerkennung geben würde.
Und so geschah es. Sie gingen auf Wanderschaft und hinterließen einen tauben Chef, der alleine sein Leben meistern musste.
(Stress, Burnout, Widerstand)

Fehlerfrei?

Es war einmal eine Frau, die sich stark und gesund fühlte. Doch bei einer Routineuntersuchung entdeckte man zufällig eine kleine Erkrankung im Gehirn. Die Frau machte sich Sorgen und war niedergeschlagen. Eines Tages – sie lag im Bett und grübelte vor sich hin, als sie in der Nähe der Nieren eine Stimme hörte: „Bei mir ist auch nicht mehr alles in Ordnung, einige Kanälchen sind nicht mehr so wie früher, ich bin ja so arm dran.“ Sofort meldete sich eine tiefe Stimme aus der Lebergegend: „Was wollt ihr denn, ihr kleinen Wichte. Ich habe es wirklich schwer, besonders, wenn die Chefin

Alkohol trinkt oder schwer verdauliches isst." „So ein Unsinn", sprach der Darm, „ich bin hier am schlechtesten dran. Meine Chemie stimmt manchmal nicht, ich bin nicht mehr so beweglich wie früher und überhaupt und außerdem." Sofort moserte auch die Lunge: „Ich kann nicht mehr so viel Luft aufnehmen, das Atmen fällt mir immer schwerer. Eigentlich sollte man sich um mich besonders kümmern." „Die Lunge meint mal wieder, sie würde im Mittelpunkt stehen," antwortete das Herz. „Wer ist denn hier wirklich wichtig? Das bin ich. Ohne mich geht gar nichts. Und bei mir ist auch nicht mehr alles perfekt. Es ist eine Menge Arbeit, das Blut in alle Ecken des Körpers zu pumpen. Da braucht man eine Menge Kraft, die immer weniger wird."

„Darf ich mal was sagen", raunzte die Haut. „Ich habe ja eine ziemlich üppige Oberfläche und ich bin immer im direkten Kontakt zur Außenwelt. Ich werde zwar alle paar Monate erneuert, aber da schleichen sich Fehler ein und außerdem – zu viel Sonne tut mir nicht gut." „Stooopp!!!", schrie das Gehirn. „Ich komme mir vor, als wäre ich von Klageweibern umzingelt. Es haben sich überall Fehler und Abweichungen eingeschlichen. Das ist vollkommen normal mit zunehmendem Alter. Auch ich habe eine kleine Schwachstelle. Aber das ganze Klagen und Sorgen machen hat doch keinen Sinn. Jeder soll seinen Job so gut wie möglich machen und hin und wieder kann man über die Stränge schlagen. Leben wir in Stolz und Würde."

Von diesem Tag an nahm die Frau die Veränderungen, die da Alter bringen, gelassener hin.

(Relativität, Alter)

Nebel auf Wanderschaft

Es war einmal ein einsamer Nebel, den niemand wollte. Allen war er zu grau, zu kalt, zu feucht oder zu formlos. Dennoch fand er nach langer Wanderschaft endlich eine Heimat in den Fingernägeln. An Sonn- und Feiertagen erlaubte er sich kleine Ausflüge in die Fußnägel, am liebsten war er im großen Zeh, besonders im Sommer, denn da konnte er ein wenig nach draußen schauen. Dort richtete er keinen Schaden an und war bald ein guter Kamerad von den ziemlich einsamen, vernachlässigte Zehennägeln.

Eines Tages hörte er ein ganz leises Gewimmer von weit, weit weg. Er lauschte. Es klang wie ein fernes Wehgeschrei nach Hilfe. So zog er seine Wanderstiefel an und folgte der leisen Stimme. Über das Handgelenk, dem Ellenbogen und hoch zum Schultergelenk verlief sein langer Weg. Er gab nicht auf - man brauchte ihn doch! Am Hals angekommen, machte er erschöpft ein kurzes Päuschen. Schließlich wurde die Stimme immer lauter und er landete auf der Stirn, auf dem Punkt, den die Menschen das dritte Auge nennen. Dort war die verzweifelte Stimme am lautesten und er konnte endlich verstehen, was sie rief: „Hilfe, zu Hilfe, wir vertrocknen."

Er umkreiste daher die Stirn und hörte das erste Aufatmen, als seine kühle Feuchtigkeit durch die Nasenlöcher beruhigend die Haut streifte. In allen Ecken herrschte extreme Trockenheit. Hier war er in seinem Element! Hier wurde er gebraucht und geschätzt! Er

durchstreifte intensiv alle Höhlen und benetzte mit seiner kühlen Feuchtigkeit jede Ecke. Er kam überall vorbei und gab voller Freude alles ab. Als Höhepunkt wechselte er seine unscheinbare graue Farbe und tanzte in Rot- und Gelbtönen durch die Höhlen und Ecken.
Voller Dankbarkeit jubilierten alle Blutgefäße und Hautlappen. Und wie froh war der Nebel über diese Anerkennung! Langsam nahm er Abschied von seinen neuen Freunden. Das „Dritte Auge" leuchtete und bat ihn, wenn Not an Feuchtigkeit war, wieder um Hilfe. Sie wären froh, wenn sie sich zukünftig auf ihn als zuverlässigen Helfer verlassen könnten. Freudig und ein kleines bisschen bewegt (verstohlen wischte sich der Nebel eine kleine Träne der Rührung aus dem Augenwinkel, was bei seiner Gestalt jedoch - gottlob keinem aufgefallen war) versprach der Nebel, sofort wieder zu kommen, wenn sie ihn brauchten.
So zog er sich voller Freude und Stolz langsam zurück Richtung Fingernägel und kuschelte sich zum ersten Mal in seinem Leben ganz liebevoll und zufrieden in seinen Lieblingsfingernagel, den rechten Daumen, denn dann war er ganz nah am Geschehen. Und so fand sein einsames, sinnentleertes Leben durch das Finden seiner wahren Berufung ein Ende.
(Umdeutung, Gemeinschaft)

Der flexible Roboter

Es war einmal ein großer starker Roboter. Er hatte ungeheure Kraft und war sehr furcht-einflößend. Er war

Mark I für seine Entwickler: Sie konzentrierten sich zu Beginn auf seinen Kopf und seinen Oberkörper. Daher konnte er gut denken und da seine Gelenke mit Präzisionsscharnieren ausgestattet waren, war es eine Lust, ihm beim Reden zuzuhören und seine dazu passenden Gestik zu beobachten. Leider ging den Entwicklern überraschend das Geld aus und sie konnten die Hüften und die Beine nur noch in der Standardversion bauen. Daher konnte er zwar mit den beiden Beinen feststehen und sie auch nach links und rechts heben, aber ein nachvornegehen war nicht möglich. Da er aber gar nicht wusste, dass man auch gerade auslaufen konnte, machte ihm dies nichts aus. So blieb er immer an derselben Stelle - er hatte einen festen Standpunkt und hin und wieder hob er sein rechtes oder linkes Bein. Manchmal dachte er daran, beide Beine gleichzeitig zur Seite zu heben. Das war ihm dann zu anstrengend, beziehungsweise sagte ihm seine Vernunft, dass dies vielleicht nicht gut ausgehen könnte.
So lebte er glücklich und zufrieden. Eines Tages gab es eine Überraschung. Seine Entwickler hatten wieder Geld bekommen und arbeiteten an einem Update. Sie machten dort weiter, wo sie aufgehört hatten: Bei den Hüften und Beinen. Denn es tat ihnen in der Seele weh, dass sich ihr Roboter nicht nach vorne bewegen konnte. Sie erfanden extrem flexible Scharniere und kleine Motoren, die ihrem Roboter die Laufbewegung ermöglichen sollten. Alles wurde exzellent eingebaut, aber der Mark I bewegte sich nicht von der Stelle. Denn er hatte keine Idee vom nachvornegehen. Er blieb wie üblich angewur-

zelt stehen und schickte alle Energie in den Oberkörper. Was tun?
Gott sei Dank gab es einen vorlauten, humorvollen Entwickler. Der gab ihm einfach von hinten einen Schubs. Um dies aufzufangen und nicht auf die schöne Nase zu fallen, streckte unser Roboter spontan sein rechtes Bein nach vorne um so sein Gleichgewicht wieder herzu stellen. Nachdem er den kleinen Schock überwunden hatte, zog er mutig auch das linke Bein hinterher. Was war das für eine Freude! Die Motoren surrten leise vor Vergnügen und endlich konnte er seine Umgebung erkunden - zuerst mit vorsichtigen Schritten und dann mit immer sichereren Gehbewegungen.
Und so verlor unser Roboter zwar seinen festen Standpunkt, aber dafür gewann er Flexibilität.
(Gesundheit, Stress, Starrheit)

Der kreative Ruderer

Es war einmal ein Ruderer, der nicht mehr geradeaus fahren wollte. Es war ihm einfach zu langweilig, jeden Tag das Gleiche zu tun: Auf Befehl geradeaus rudern! Das ermüdete ihn kolossal und daher wurde er immer ein bisschen langsamer. Besonders bei großen Wettkämpfen bewiesen seine schlechten Zeiten, dass Geradeausrudern nicht seine Stärke war.
Er träumte davon, dass neben der „Zeit" die Kreativität und die Achtsamkeit in der Bewertung berücksichtigt werden müssten. So könnte er sein Sportgerät vollkommen ausnutzen:

Es müsste eine Pflicht (Geradeausfahren) und eine Kür geben, in der er all seine schöpferischen Fähigkeiten zeigen könnte. Es wäre erlaubt, zum Beispiel eine kleine Sinuskurve im Walzertakt die Bahn entlang zu fahren oder die komplette Breite der Bahn auszunutzen. Er könnte die Buchstaben des eigenen Namens ins Wasser zeichnen oder eine kleine Schanze auf dem Wasser anbringen und dazwischen Flugrudern – seiner Phantasie grenzenlos. Sein größter Traum war eine Art Ballett, in der alle Ruderer gemeinsam ein Stück aufführen würden, das man dann von oben oder von der Seite gut sehen könnte.
Eines Tages hatte er die befreiende Lösung: Er führte für sich eine Pflicht und Kür ein, denn er wollte schöpferisch sein und nicht nur erschöpft.
Die Pflicht erledigte er in den Wettkämpfen – er ruderte so schnell es ging geradeaus und kam ab diesem Zeitpunkt fast immer als Erster durchs Ziel. Und im Training und für seine Freunde ruderte er seine kreative Kür, denn seiner Phantasie waren keine Grenzen mehr gesetzt.
(Vision, Selbstfindung)

Der Büffel und seine Frau

Es war einmal ein Büffel, der hatte eine tolle Frau. Alle Eigenschaften, die man sich nur wünschen kann, besaß sie. Neben einer großen Geduld konnte sie gut Essen organisieren, sie kümmerte sich um sein Äußeres (er war nämlich ziemlich schlampig), redete ihm gut zu, wenn

er mal verärgert war, entschuldigte ihn, wenn er mit anderen Tieren pampig umging, oder verwöhnte ihn, wenn er ein wenig kränklich war bzw. nur so tat, d.h. ein wahrer Schatz. Leider hatte sie das Gefühl, dass er sie nicht so wertschätze, wie sie es wollte, bzw. wie sie es verdient hätte.
Eines Tages nahm sie allen Mut auf und beklagte sich: „Lieber Mann. Du bist viel größer als ich, hast ein größeres Gehirn und Herz, alles ist größer und besser als bei mir. Du müsstest alles verstehen können und besser mit dem Leben umgehen. Ich habe das Gefühl, dass das aber nicht stimmt. Kannst Du mir das erklären??"
„Ich weiß auch nicht, warum, liebe Frau. Aber vielleicht ist die Größe ein Nachteil. Wenn Du mir was sagst, geht es zuerst über meine Augen und Ohren zu meinem großen Gehirn. Dort bleibt es eine Weile und wird hin und her geschickt. Manchmal geht's dann in den Bauch oder über das Herz quer durch den Körper bis zum langen Hinterteil. Und das dauert. Und wenn es dann wieder zurück zum Großhirn geht, verliert sich einiges auf dem Weg oder wenn was ankommt, dann weiß das Großhirn gar nicht mehr, was es mit der Botschaft machen soll – oder es ist komplett verschwunden.
Sei nicht traurig oder verwundert, ich genieße und schätze Dich und Dein Engagement, aber irgendwie bringe ich es nicht auf die Reihe. Vielleicht bin ich ein wenig zu faul und bequem dazu. Ich werde mal sehen, was sich machen lässt."
Und weil er seine Frau liebte, fing er an, Experimente zu machen. Nach seiner Meinung waren die langen Lei-

tungen das Problem. Der einfachste Weg, war es, sie abzukürzen. Es musste ja nicht alles durch den Körper bis ans Ende gehen und wieder zurück.
Andererseits war es manchmal gut, dass der ganze Körper mitmachte.
Er brauchte ein Entscheidungskriterium, welche Aufgaben und Gedanken in die jeweilig passenden Richtungen geschickt wurden. Das Einfachste wäre es, Dinge, für die das Großhirn zuständig war, nur dort zu bearbeiten z.B. Rechenaufgaben, Logik, eindeutige Vorgänge. Auch Entscheidungen, die mit Nutzen-Kostenanalysen gelöst werden konnten, würden hier ihre Heimat finden. Andere Entscheidungen waren schwierig. Er dachte da an die Auswahl im Restaurant. Die konnte nicht nur der Kopf lösen, sondern die dabei betroffenen Teile wie Magen und Darm mussten befragt werden.
Das schien ihm eine gute Lösungsidee. Einfache Denkvorgänge, konnten isoliert im Kopf abgearbeitet werden, wie z.B. langweilige Aufstellungen, während emotionale Entscheidungen man ruhig Richtung Bauch und Herz schicken konnte, denn die hatten da oft mehr Ahnung. Und so begann er zu sortieren. Wie bei einer Firma sollte die Buchhaltung Buchhaltung machen und die Produktion sollte was produzieren, aber nicht nebenbei Werbung und Verkauf. Und so kürzte er die Wege ab und sein Entscheidungskriterium war „notwendige Beteiligung“:
Er begann es einzuführen und nach kurzer Zeit wurde er ruhiger, und er sprach nicht mehr so viel Blödsinn. Er regte sich nicht mehr über alles auf und vergaß weniger.

Er fühlte sich in Ordnung und klar strukturiert. Wahrscheinlich hatte er sich mit der maßlosen Herumschickerei überfordert. Und es war ja nur eine Gewohnheit, die man ändern konnte. Seine Frau merkte dies und sie freute sich, wieder sich in seinem Fell hinein zu kuscheln und ruhige, glückliche Tage zu verleben.
(Partnerschaft, Entscheidung)

Die Maus mit der roten Nase

Es war einmal eine Maus, die hatte eine rote Nase. Alle dachten, dass sie sich einen Schnupfen eingefangen hätte, aber nein, es waren ihre Augen. Denn immer wenn sie am Morgen möglichst schnell aus Ihrem Mäuseloch herausrennen wollte, knallte sie frontal gegen die Wand und holte sich die rote Nase. Ihr rechtes Auge machte selbständig, was ihm gefiel und war nicht verbunden mit dem Linken. So kam es dazu, dass alles um einige Zentimeter verschoben war, und das genügte, um den Ausgang nicht zu treffen. Es gab eine Menge von Lösungsvorschlägen ihrer Kameradinnen, die Mitleid mit ihr hatten:

- ein kleiner Maulkorb, um die Nase zu schützen
- alles 5 cm nach links zu verschieben
- sich mehr mit der Nase als sich mit den Augen zu orientieren
- zuhause bleiben

Das war nicht lustig und sie wurde schon ein wenig traurig. Und so kam sie auf die Idee, das Problem an der

Wurzel zu packen. Sie musste das rechte Auge davon überzeugen, im Einklang mit dem linken Auge zu schauen oder umgekehrt. Sie sprach zu dem rechten Auge: „Liebes Auge, ich bin total verrückt und fertig, weil ich ständig daneben bin und meine Nase ist von dem vielen an die Wand knallen geschwollen. Kannst du Dich nicht mit dem anderen Auge synchronisieren?“

„Meine Liebe, gut dass Du mich darauf hinweist, ich habe das überhaupt nicht bemerkt. Ich finde es total lustig, wenn ich nicht das Gleiche machen muss, wie meine Kollegin. Ich tanze doch so gerne und dreh meine Kreise und genieße die Freiheit.“

„Bitte genieße die Freiheit in der Nacht und hin und wieder, wenn ich Dich nicht brauche.“ „OK,“ antwortete das rechte Auge, „kann ich machen, wird zwar ein wenig langweilig, aber ich will ja nicht, dass es Dir schlecht geht. Wir sind doch ein Team!“Und so geschah es. Die Maus war wieder zentriert, das linke Auge war wieder glücklich, 100 % seine Arbeit machen zu können und für klare Bilder zu sorgen. Hin und wieder passierte es aber, dass die Maus auf die linke Seite des Mauselochs knallte – dann, wenn das Rechte spaßeshalber mal zu sehr nach links schaute.

(Innere Ruhe)

Das rechte Maß

Die sanfte Gongspielerin

Es war einmal eine Gongspielerin in einem Orchester. Sie hatte einen ganz weichen, langen, dünnen Schlegel und berührte damit sanft ihren Gong. Sie spielte dabei mit ihrem gesamten Körper – wie eine Tänzerin machte sie sich ganz lang und berührte aus dieser Spannung heraus mühelos ihren Gong. Meist konnte man keinen Ton hören – das machte ihr aber nichts aus. Denn sie war in ihrem Element und fand ihre perfekte Umsetzung der Musik.
Immer wieder kam ihr Nachbar, der Paukist, zu ihr, um ihr zu zeigen, wie man durch Einsatz aller Kraft das Instrument zum Klingen bringt. Das entsprach nicht ihrem Stil und Temperament. Denn sie war einzigartig im leichten Streichen ihres Gongs.
Nach einem großartigen öffentlichen Konzert wurde sogar die Grazie und Schönheit ihres Gongspiels hervorgehoben, obwohl dabei, wie schon erwähnt, kein Ton zu hören gewesen war.
Dies verwunderte unseren Paukisten, der seine Art des Musizierens auf die Gongspielerin übertragen wollte. Er machte wirklich hörbare Töne. So war er über die positive Kritik verwundert und schlug ab sofort mit noch mehr Kraft seine Pauke.
(Sensibilität, Stille)

Kreis auf Abenteuer

Es war einmal ein kleiner Kreis. Er war schon sehr lange Kreis und war es gewohnt, seine Energie in der Kreisbahn zu leben. Mehr und mehr wurde es ihm langweilig, immer sich in der gleichen Kreisbahn zu bewegen. Und so entschied er sich, größer zu werden. War das herrlich! Endlich konnte er mehr Raum einnehmen.

Bald wurden ihm die weiten Kreise zu anstrengend. Daher verringerte er wieder seinen Durchmesser und wurde kleiner und kleiner. Seine Bahn wurde immer enger, bis er nur noch ein Punkt war. Das war ein seltsamer Zustand, denn dort herrschte reine Stille. Nichts anderes – einfach nur Punkt.

Eines Tages langweilte ihn diese Bewegung. Einfach nur Punkt sein, war ja ganz nett, aber irgendwie zu einfach. Und so entschloss er sich, die Kreisbewegung wieder zu erweitern und seine ursprüngliche Größe anzunehmen. Endlich fühlte er sich wieder zuhause. Dank seiner Ausflüge konnte er dies nun richtig wertschätzen.

(Langeweile, Zentrierung)

Die rote Minni

Es war einmal ein kleines Mädchen. Es fühlte sich klein und hatte das Gefühl, sich gegen alles verteidigen zu müssen. Und so begann es, seine Muskeln zu trainieren. Das gelang ihr so gut, dass man ihre Oberarmmuskeln deutlich sehen konnte. Und wenn sie wütend war,

leuchtete ihr Gesicht rot auf und sie sang: „Ich bin die rote Minni und schlage alle nieder!“
Da fürchteten sich die anderen Kinder und man kann sich denken, dass sie nicht viele Freunde hatte. Aber das war ihr egal, Hauptsache sie konnte alle Angriffe abwehren.
Eines Tages tanzte sie wieder herum und sang ihr Lied: „Ich bin die rote Minni und schlag alle nieder!“ Da tauchte von hinten eine Gestalt auf und pikste sie mit einer Nadel in ihre beiden aufgeblähten Oberarme. Wie aus einem Luftballon strömte Luft heraus. Zuerst fielen die Muskeln in sich zusammen und schließlich sogar unser kleines Mädchen. Sie zerfloss auf dem Boden und löste sich auf.
Dies ist eine sehr traurige Geschichte, aber sie geht gut aus. Denn in dem Moment, in dem alles verdampft war, wachte unser Mädchen aus dem schrecklichen Traum auf. Und genauso, wie sie sich im Traum auflöste, verschwanden all ihre negativen Einstellungen über die Welt und sie konnte ab sofort locker und leicht das Leben genießen. Und als sie älter wurde, lernte sie, sich zu verteidigen – aber nur aus sportlichen Gründen.
(Aggression, Wandel)

Das Mädchen auf der Schiffschaukel

Es war einmal ein süßes kleines Mädchen. Es wohnte in der Nähe eines Jahrmarktes und ging daher häufig dort hin. Am meisten faszinierte sie die Schiffschaukel. Dort konnte man mit eigener Kraft etwas erreichen und nicht

so wie, wie bei den anderen Geschäften, wo man mit Maschinenkraft durch die Luft oder auf dem Boden bewegt wurde.
Selbständigkeit und Freiheit war ihr wichtig. Das Spüren der eigenen Kraft und deren Wirkung war für sie faszinierend.
Als sie klein war, schaukelte sie nur etwa ein Meter hin und her - auf und ab. Im Laufe der Zeit freundete sie sich mit dem Schaukelbesitzer an und konnte - wenn wenig los war - kostenlos schaukeln. Und so wurde sie mehr und mehr zum Profi. Sie begann ihren Spielraum auszuweiten und aus dem einen Meter wurde immer mehr. Sie schaukelte oft bis in die Nachtstunden. Ihr Gefühl für den Einsatz ihrer Kraft, das Spiel mit der Balance, der richtige Rhythmus und die Geschwindigkeit lernte sie fein zu dosieren. Aber ab einem Zeitpunkt ging es nicht weiter und ihr Ziel, 180 Grad zu erreichen, war in großer Ferne.
Zu ihrem 14. Geburtstag veränderte sich alles. Denn der Besitzer hatte eine Sicherheitssperre eingebaut, die er nun löste. Da ging die Post ab.
Es war gar nicht so schlecht, dass sie ihre Kraft und ihr Rhythmusgefühl mit kleinen Schwingungen trainieren durfte. Dies konnte sie nun bei den großen Ausschlägen anwenden. Nach kurzer Zeit war sie schon bei 180 Grad. Wie ein Uhrpendel ging es hin und zurück. Ihr neues Ziel war klar: DER ÜBERSCHLAG.
Sie musste wieder 2 Jahre warten und dann löste der verantwortungsvolle Besitzer nochmals eine Einschränkung. Es war ein großer Feiertag, an dem sie zum ersten

Mal den Überschlag wagte. Es gelang ihr. Zwar war ihr danach leicht schwindlig, aber das Vorhaben hatte sich rentiert.
Und so machte sie – je nach Laune – große Bewegungen und Überschläge, und hin und wieder an die 180 Grad Grenze. Aber ihre Leidenschaft waren die feinsinnigen Bewegungen ihrer Kindheit von 1-3 Meter Reichweite. Von außen sah man fast gar nichts, aber sie wusste um Ihre Kunst des Feintunings, der Freude an Harmonie und an der Schönheit der Bewegung.
(Ziele, Harmonie, Sensibilität)

Die achtsame Henne

Es war einmal eine Henne, die war anders als die anderen Hühner. Denn sie pickte nicht wahllos herum, wenn es Körner bekam, sondern schaute sich genau an, was sie aß. Sie ließ sich nicht von großen Körnerhaufen ablenken, sondern ging immer ein paar Schritte weiter, um alle Körner zu prüfen. Auch hüpfte sie nicht wie die anderen Hühner hektisch herum, sondern ging bedächtig ihren Weg. Sie sah elegant und würdevoll aus. Es war ihr Leben - Langsamkeit und Aufmerksamkeit verwirrten zwar die anderen Hühner, sie ließ sich aber nicht aus der Ruhe bringen.
(Selbstsorge, Achtsamkeit)

Der alte Blechsoldat

Es war einmal ein Blechsoldat. Er lag in einer Kiste auf dem Speicher und war schon ziemlich alt. Eines Tages – es war Weihnachten - wurde die Kiste von Kindern auf der Suche nach interessantem Spielzeug gefunden. Voller Freude nahmen sie den Blechsoldaten mit. Am Rücken hatte er eine Öffnung, in der man einen Schlüssel stecken konnte, um ihn aufzuziehen. Schnell war der Schlüssel gefunden und ein Kind zog ihn auf. Und schon ratterte er los. Mit beiden Füssen schlug er auf den Boden – ratter di ratter -, bewegte sich aber nicht von der Stelle. Beim 2. Versuch das Gleiche. Da warfen die Kinder ihn enttäuscht wieder in die Kiste.

Am nächsten Tag kam der Nachbarjunge vorbei und die Kinder beklagten sich über das defekte Blechspielzeug. Der Junge war schon ein wenig älter und besorgte sich einen kleinen Schraubenzieher. Damit öffnete er das Innenleben des Spielzeuges. Schon bald erkannte er, dass die beiden Beine verkeilt waren. Mit ein paar geschickten Bewegungen konnte er dies lösen und setzte das Spielzeug wieder zusammen. Er drehte den Schlüssel und stellte den Soldaten auf den Boden. Und das Wunder geschah. Wie von einer Tarantel gestochen, rannte der Blechsoldat auf die nächste Mauer zu, drehte sich flink um die eigene Achse und machte sich auf den Weg zur gegenüberliegenden Wand. Die Kinder schrien vor Freude, denn das war lustig, wie der Blechsoldat immer wieder gegen die Mauer krachte und sich leichte Blessuren holte.

So ging es hin und her, bis die durch das Aufziehen gespeicherte Energie verbraucht war. Eilig nahm einer der Jungen den Schlüssel und zog den Soldaten wieder auf. Das Spiel begann von neuem und die Kinder hatten ihre Freude am hin- und herrennen des Soldaten.
Und wenn heutzutage jemand den Schlüssel findet und den Blechsoldaten aufzieht, marschiert er wieder los, läuft gegen die Wand, dreht sich um, läuft gegen die nächste Wand, bis ihm die Energie ausgeht.
(Ziele, Energie)

Der Weg der Seelen

Es waren einmal zwei Seelen sehr eng zusammen. Sie waren glücklich und zufrieden und gingen ihren schmalen Weg. Im Laufe der Zeit wurde dieser Weg immer breiter und breiter. Schließlich verschwand jede Abgrenzung, und er wurde zu einem unendlich breiten Raum. Die eine Seele ging weiter so wie früher, als wäre es ein schmaler Weg, während die andere Seele gerne die Weite genoss. War das ein Spaß! Ohne es zu merken, dass es die andere Seele verlor, nutzte sie die neuen Möglichkeiten und war oft einige Tage vollkommen verschwunden. Sie liebte den offenen Raum und war in Ihrem Element. Daher verstand sie nicht die Verwunderung und die Klagen der anderen Seele über die Trennung.
Eines Tages gab es eine Lösung. Der Weg wurde wieder schmaler. Zuerst so breit wie eine Autobahn, dann wie eine Straße und schließlich wieder wie ein schmaler

Weg. Da war die eine Seele glücklich und die andere musste mit der Reduktion auskommen. Das macht ihr aber nichts aus. Denn sie hatte die große weite Welt kennengelernt. Und so gingen sie ihren gemeinsamen Weg wieder glücklich und zufrieden.

(Partnerschaft, Weg)

In der Mitte sein

Drei berühmte Geschichtenerzähler

Vor langer Zeit trafen sich zufällig drei berühmte Geschichtenerzähler in einer alten Karawanserei ganz hinten im Vorderen Orient. Alle drei kamen aus verschiedenen Richtungen und wollten am nächsten Tag wieder in verschiedene Richtungen weiterziehen. Der Besitzer der Karawanserei machte sie miteinander bekannt. Sie freuten sich, Kollegen zu treffen und beschlossen, sich am Abend in einem separaten Raum zusammenzusetzen.
Sie aßen zu Abend und gingen danach in diesen Raum. Manche Gäste erkannten die Erzähler und schlichen ihnen nach. Sie legten vorsichtig ihre Ohren an die Wände und erhofften sich die eine oder andere neue Geschichte. Aber sie wurden enttäuscht. Es war vollkommen ruhig in dem Raum. Nichts war zu hören.

Schließlich entschied sich ein Wagemutiger, durch das Schlüsselloch zu schauen. Und was sah er da? Alle drei saßen konzentriert und mit geschlossenen Augen auf dem Boden.
Hin und wieder hörte man ein Lachen, hin und wieder ein Seufzen, ansonsten war der Raum nur von Stille erfüllt.
(Stille, Meditation, Einstellung)

Das kreative Kinderkarussell

Es war einmal ein Karussell, das tagaus, tagein seine Kreise zog. Auf die Dauer war dies langweilig, denn nur die Kinder, die auf den Wagen saßen, veränderten sich täglich, aber seine Einrichtung (zumeist Feuerwehrautos) oder die Richtung und die Geschwindigkeit waren gleich. So kam es eines Tages auf die Idee, mal ein bisschen mehr nach innen zu fahren. Das war ziemlich lustig, denn schon nach einem Tag spürte es, wie sich die Runden verkürzten. Und an einem Sonntag war es soweit. Es fuhr in seine Mitte. Wow – war das ein Gefühl! Es war in seinem Zentrum. Es fühlte sich an wie eine schmale, schlanke Säule – fast nur ein langer, langer Strich in der Landschaft. Es war bei sich. All die nervigen Feuerwehrautos waren vergessen. Reines Karussellfeeling. Auf den Punkt gebracht. Nur es selbst, keine Bewegung, kein Stress, einfach Ruhe.
Uns so blieb es eine Weile und genoss „Einfach das.“ Und irgendwann begann es sich ganz, ganz langsam zu bewegen und sich wieder aus der Mitte zu drehen. Und

bald konnte man wieder die Autos sehen und alles tauchte wieder in neuer Form auf. Das Karussell war aber ein bisschen anders. Denn es hatte sein Zentrum kennen gelernt und konnte nun entspannt aus seinem Zentrum heraus fahren – und das machte richtig Spaß und wurde nie mehr langweilig.
(Zentriert, Wandel)

Innenwelten

Es war einmal Mädchen. Es war sehr einfallsreich und vergnügt. Am liebsten malte es sich Phantasieräume aus. Und wenn es mit der Außenwelt unzufrieden war, verschwand es einfach in diese Räume. Dort gab es alles, was es sich als Kind wünschte.
Es wuchs heran und gleichzeitig wuchsen die Räume. Für jedes Gefühl hatte sie einen speziellen Raum – manche waren schlicht, andere waren prunkvoll ausgestattet. Für sie waren alle sehr kostbar.
Eines Tages hatte sie Streit mit ihrem Freund. Sie beklagte sich, dass er ihr Innerstes nicht achten würde. In seiner Wut antwortete er: „Du blöde Kuh, du weißt ja überhaupt nicht, was das ist!“ Da war sie überrascht und beleidigt. Wenn sie aber genauer über den Vorwurf nachdachte, musste sie zugeben, dass er ein bisschen Recht hatte. Es gab so viele Räume und vielleicht hatte sie sich darin verloren. So begab sie sich auf die Suche.
Sie machte es sich auf ihrem Sofa mit einem Glas Wein gemütlich und begann die Reise in ihre Innenwelt. Sie ging all ihre Räume durch und war erstaunt, was es so

gab. Sie fand welche ohne Ecken und Kanten, es gab enge Höhlen und weite Räume und es gab welche aus jedem Land und jeder Zeitepoche. Aber wo war das Zentrum, ihr Innerstes? Sie setzte sich im Schneidersitz in einen der ruhigen, meditativen Räume. Mantraartig wiederholte sie: „Mein Innerstes, mein Innerstes." Nach einer Weile fühlte sie Weite und befand sich in einer wüstenartigen Umgebung. Sie bewegte den Kopf nach links und sah in einen unendlichen Raum und wenn sie den Kopf nach rechts drehte, sah sie sich auch in einen unendlichen Raum. Wenn sie nach unten schaute, sah sie in einen unendlichen Raum Richtung Erdmittelpunkt und nach oben in einen unendlichen Raum Richtung Himmel. Sie saß auf dem Kreuzungspunkt der Unendlichkeiten. Es fühlte sich immer leerer und leerer an. Jeder klitzekleine Versuch, etwas zu beschreiben, wurde ansatzlos vernichtet. Wow. Sie versuchte, an das Worte Stille zu denken – sofort war es weg. Kein Gedanke, kein Gefühl, keine Bilder – einfach reines Nichts. Nur der Atem war`vorhanden. Sie genoss eine lange Zeit dieses Nichts – schwebend im Raum. Irgendwann kam sie zurück, saß wieder auf ihrem Sofa und trank einen Schluck Wein.

Und hin und wieder setzt sie sich an einen schönen Ort, trifft sich mit ihren Unendlichkeiten und genießt das Leben.

(Stress, Meditation, Stille)

Der Maler und der Himmel

Es war einmal ein begabter Maler, der von seiner Arbeit gut leben konnte. Er malte außergewöhnliche Bilder, denn sein wichtigstes Ziel war es, schöpferisch tätig zu sein. Ob Porträts oder Stillleben, in allem spürte man seine kreative Kraft. Nur Landschaftsbilder gelangen ihm nicht, da er keinen Himmel zeichnen konnte. Immer wenn er daran arbeitete, kam nichts dabei heraus. Zur Not gelangen ihm dürftige Striche oder Flächen, die nach Schmutz, aber nicht nach Himmel ausschauten. Irgendwie litt er an einer Himmelmalblockade.

Im Laufe der Jahre vermied er daher Landschaftsbilder und malte nur Porträts ohne Blick auf einen Himmel. So wurde er ein berühmter Porträtmaler.

Eines Tages geschah ein Wunder.

Er hatte den ganzen Tag an einem schwierigen Porträt gearbeitet und er war hundemüde. Er sank immer weiter in sich, begleitet von tiefer Gelassenheit. Er war einfach da und alles war in Ordnung. Ein herrliches Gefühl, das er nicht kannte. Er musste sich hinlegen und spürte, dass er nicht nur vom Sofa, sondern von irgendeiner Energie getragen wurde - so als wäre er wie ein Tropfen in eine Handfläche gefallen. Ein warmer Schauer durchzog seinen Körper. Er kuschelte sich mehr und mehr in diese Hand und genoss die Wärme. Und gleichzeitig spürte er, wie goldene Strahlen von ihm ausgingen und den Raum in Licht hüllten – ein Licht, nachdem er als Maler immer schon gesucht hatte. Er blieb in diesem Gefühl, bis es langsam mehr und mehr verblasste.

Nach diesem Erlebnis malte er die schönsten Himmel

und Landschaftsbilder wurden zu seiner Spezialität. Das strahlende Licht und das Wissen, getragen zu werden, vergaß er nie wieder.
(Ruhe, Vision, Glück)

Die neugierige Hummel

Es war einmal eine süße kleine Hummel. Sie eilte jeden Morgen von Blume zu Blume, um den Nektar aufzusaugen. Sie freute sich auf jede einzelne Blume und während sie bei einer war, sah sie schon mit dem linken Auge auf die nächste. Sie war so über die Vielfalt erstaunt, voller Neugier auf die nächste und dann die nächste und die nächste Blume.
Und so war sie am Abend hundemüde und konnte nicht einschlafen, da sie so durcheinander von dem Tag war. Erschöpft schlief sie dann meist sehr spät ein.
Viele ihrer Freundinnen rieten ihr, weniger zu machen, aber sie liebte das Leben: „No risk - no fun" war einer ihrer Wahlsprüche, alles aufnehmen und nichts zu versäumen waren ihre wichtigsten Ziele. Alles wäre so schön, wenn nicht das anstrengende Einschlafen am Abend wäre. Dafür musste sie bezahlen, aber dafür war der Tag voller Freude, einfach schön, voller Inspiration.
Eines Tages war sie wieder unterwegs und wollte gerade zur nächsten Blume eilen, da wurde sie nach unten gerissen. Sie verlor immer mehr die Höhe und fiel tiefer und tiefer, tiefer und tiefer. Sie konnte nichts mehr machen und irgendwann gab sie auf. Es ging immer tiefer und sie dachte daran, dass ihr Leben zu Ende

gehen würde. Mit einem leisen Bloob kam sie unten an und alles war ganz dunkel.
Plötzlich tauchte ein Licht auf und eine Stimme sprach zu ihr: „Liebe kleine Hummel, wie Du so von Blume zu Blume eilst und abends nicht mehr einschlafen kannst, das kann ich nicht mehr anschauen. Da muss ich was dazu sagen.“ „Wer bist Du denn?“, fragte die neugierige Hummel. „Das ist egal, vielleicht Deine Oma, Dein Schöpfer o.ä. Ich weiß einfach mehr als Du, und aus dieser Sicht muss ich dir sagen, dass Du an Deinem Leben vorbeifliegst. Natürlich ist Interesse und Neugier ganz schön, aber du übertreibst es.
Wenn Du so weitermachst, fällst Du bald Tod um. Das möchte ich nicht, da du so ein nettes Geschöpf bist. Ich habe Dich so lieb.“ „Was soll ich denn machen, es geht einfach mit mir durch, dann abends mit Freundinnen reden etc.“
„Du musst Deine Geschwindigkeit halbieren und Dein Interesse neu ausrichten. Dein Körper hat es schon versucht, in dem er Dich ein bisschen schwerer machte, damit du langsamer bist. Aber Du hast dann einfach einen Zahn zugelegt.“
„Geschwindigkeit und Ausrichtung!“ Aber dann wird doch alles ganz langweilig und tröge und ich erlebe dann nur noch die Hälfte?“ „Das stimmt, aber dafür lebst Du doppelt so lange und kannst gut schlafen. Bleib doch mal länger bei einer Blume und genieße die Nuancen, die Farbe, den Geruch, die Anordnung, das Schwingen der Stängel, die Unterschiede etc. Da gibt es vieles zu entdecken.“

„Soll ich das wirklich machen?“ Natürlich, probiere es eine Weile aus und frag die Anderen. Sie wissen genauso viel wie ich. Aber ich musste mal ein Zeichen setzen, denn so geht es nicht weiter. Und wenn Du Dich nicht änderst, hole ich Dich wieder runter, aber etwas zackiger.“ „Also ich soll langsamer fliegen, meine Ausrichtung nach mehr Langeweile ändern und genauer hinschauen, länger bei den Blumen bleiben, dafür weniger.“ „Genau! Bleib eine lange Weile bei den Blumen, leg Dich hinein in den Blütenstaub, bade darin und genieße den Moment und die Gegenwart.“ „Wow, das sind ja alles Dinge, die ich nicht kenne.“ „Das kann man alles lernen. Du hast dir vor einiger Zeit diesen schnellen Lebensstil angeeignet und den kann man jederzeit genauso wieder zurückgeben und sich was Neues angewöhnen.“ „OK, ja gut, ich versuche es mal“. „Entwickle ein Motto: Halbe Geschwindigkeit und doppelt so lange bei Blumen bleiben. Das wäre schon ein guter Anfang. „Dann werde ich irgendwann mal eine alte langweilige Hummel“. „Nein, das ist überhaupt nicht langweilig. Wer den Moment genießt, bei sich ist, hat eine bessere Ausstrahlung und ist attraktiver.“

„Ich hoffe, wir sehen uns nicht mehr“. Und sofort kam eine warme Luft von unten und sie flog leicht und sanft nach oben. Sie stieg und stieg und mit einem leichten Bloob war sie wieder im Leben.

Sie begann, die Ideen ihrer Ratgeberin umzusetzen. Am Anfang war es etwas schwierig, da sie aus Gewohnheit im Gehen frühstückte. Sie wollte bei einer Liebelle in der Nachbarschaft vorbeischauen, die ihrer Meinung nach

ein total schönes Leben führte. Unten war Willi, der Maulwurf, der gemütlich seine Gänge aushob. Bislang hatte sie ihn gar nicht gesehen. Das war interessant. Sie sah viel mehr als früher, als hätten sich ihre Augen verändert. Sie konnte fast 180 Grad sehen, und davor waren es 30-40 Grad immer auf das nächste Objekt ausgerichtet.
Und so wurde ihr Leben reichhaltiger. Sie atmete ruhig, nahm Duft, ihre Haut und Temperatur wahr und genoss die verschiedenen Luftschichten im Sommer. Das wurde ihr Programm: Tiefe statt Weite. Und so hatte sie ein wertvolles Leben und wurde nie mehr von Ihrer Beraterin besucht.
(Gewohnheiten, Achtsamkeit)

Die zauberhafte Hängematte

Es war einmal eine Frau, die lag gerne auf dem Balkon in ihrer Hängematte. Im Laufe der Jahre leierte diese immer mehr aus. So beschloss sie, sich eine Neue zu kaufen. Sie machte sich viele Gedanken und besuchte einige Geschäfte in den unterschiedlichste Ländern, in denen sie im Urlaub war. Aber nie war die Richtige nicht dabei. Eines Tages kam sie an einem Laden für Zauberbedarf vorbei, in dessen Schaufenster eine hing. Es war genau diejenige, die sie die ganze Zeit gesucht hatte. Voller Freude marschierte sie in den Laden und fragte nach dem Preis der Hängematte. „Diese Hängematte habe ich nur als Schaufensterdekoration gekauft und sie ist nicht verkäuflich“. Da war sie aber enttäuscht. Die sensible

Verkäuferin erkannte sofort ihre Gefühle und machte ihr einen Vorschlag. „Nächsten Monat dekoriere ich das Schaufenster um und dann können Sie die Hängematte zum Einkaufspreis bekommen“. Ihr Herz hüpfte voller Freude und schon nach vier Wochen war sie stolze Besitzerin dieser außergewöhnlichen Hängematte. Sie fuhr sofort nach Hause und hängte sie an ihrem Lieblingsplatz auf. Und schon lag sie darin: fantastisch! Sie gab ihr genau das Gefühl, dass sie haben wollte.

Komischerweise neigte die Hängematte zu Eigenbewegungen. Zuerst dachte sie, dass es der Wind war. Aber an einem windstillen Tag konnte sie erleben, wie die Matte sie auch hin und her schaukelte, genau in der Geschwindigkeit und dem Rhythmus, den sie zum Träumen brachte. Manchmal hing sie stärker durch, manchmal war sie steif wie ein Brett und gab ihr Halt beim Lesen. Sie passte sich wie eine gute Freundin ihrer Gemütslage an. Zeitweise hatte sie Lust auf Dehnung und die Hängematte massierte auf wunderbare Weise ihren Rücken. Scheinbar hatte sie durch den langen Aufenthalt im Zauberladen ein wenig Zauberkraft mitgenommen. Es gab nur ein kleines Problem. Die Hängematte neigte hin und wieder zu Schluckauf und bloppte ihre Besitzerin wie ein kleines Trampolin hoch. Das war manchmal lustig, aber oft anstrengend. Das konnte man aber leicht mit einem Glas Wasser lösen.

(Wünsche, Wohlbefinden)

Der Terrapoet mit dem großen Herzen

Es war einmal ein kleiner Junge, der hatte in seiner Vorstellung einen Schwimmreifen um sich herum. Das war praktisch, denn so konnte er Nähe und Distanz zu anderen Menschen steuern: Entweder pumpte er den Reifen voll auf und alles prallte an ihm ab oder leicht aufgeblasen spürte er die Energie seines Gegenübers.

Als Kind glaubte er, dass alle anderen auch einen Reifen um sich hätten. Und manchmal spürte er, wenn er anderen nahe war, wie die beiden Schwimmreifen aufeinanderstießen – wie auf dem Jahrmarkt die Puffautos mit den dicken schwarzen Gummis.

Im Laufe seines Lebens wurde er Spezialist für Reifengröße und -art. Er musste zum Beispiel nur an die Farbe denken – schon leuchtete der Reifen in seiner Lieblingsfarbe oder in den Farben seines Sportvereins. Wenn ihn jemand angriff, visualisierte er Zacken oder eine Säge, um sich damit zu verteidigen. Er wurde zusehends erfinderischer und frecher.

Alle Probleme mit Menschen, z.B. in der Schule mit Lehrern, löste er so mühelos. Wenn er seine Ruhe haben wollte, zog er seinen Reifen von den Füssen bis zu seinem Kopf hoch. Bei netten Personen machte er ihn durchsichtig, bei doofen Zeitgenossen verwandelte er ihn in eine Burg mit kleinen Sehschlitzen.

Er wurde erwachsen und entschied sich, Therapeut zu werden. Seine Reifen-Fähigkeit leistete gute Dienste, um den Klienten zu verstehen.

Er verband sich mit der Energie des anderen, ging in Resonanz und erreichte sie über seine feinsinnige Spra-

che.
Seinen Mitmenschen erklärte er, dass seine Erfolge auf dem Handwerkszeug der hypnotherapeutischen Sprache beruhten. Aber im tiefsten Inneren wusste er, dass seine jahrelange Übung mit dem Reifen wesentlich dazu beitrug, sich in die Welt der anderen zu beamen.
Und so spielte er mit den Energien, verband sich mit der Seele, lockte sie zu positiven Veränderungen und öffnete Räume für neue Möglichkeiten.
Das waren für ihn eine große Befriedigung und sein Glück.
(Einfühlungsvermögen, Beziehung)

Selbstvertrauen

Eigentliches Nichtstun

Es war einmal eine klitzekleine Biene, die gerne den Tag gemütlich verbrachte und irgendwie nicht zu ihrer Arbeit fand. Am Abend hatte es immer ein schlechtes Gewissen und flog hurtig von Baum zu Baum, um zu schauen, ob noch was zu machen wäre. Sie erkannte blitzschnell, ob alles in Ordnung war und setzte sich dann jeweils kurz auf die Krone des Baumes – denn da hatte sie den besten Überblick.
Schließlich kam sie dann müde nach Hause. Sie war jedes Mal traurig und unzufrieden, da sie das Gefühl

hatte, für sich und die anderen nichts getan zu haben. Das machte ihr zu schaffen, sodass sie eines Tages sogar krank wurde.
Ihre Freunde kamen vorbei und versuchten, sie aufzumuntern, aber sie war untröstlich: „Ich bin ja so faul und unnütz. Ich wundere mich, dass ihr mich überhaupt lieb habt“, sagte sie zu ihren Kameradinnen.
„Nein, das stimmt ja gar nicht!! Weißt du nicht, dass wir immer am Morgen an den Bäumen vorbei fliegen und wenn wir deinen Duft an der Krone riechen, wissen wir, dass wir gute Arbeit geleistet haben und zum nächsten fliegen können. Ohne dich hätten wir oft doppelte Arbeit. Du bist die Wichtigste von allen.“ Zuerst wollte sie widersprechen, aber dann gab sie klein bei und freute sich über das große Geschenk.
Und ab sofort flog sie voller Freude zu ihren Bäumen und alles war in Ordnung.
(Ruhe, Sichtweise, Einstellung)

Sich klein und groß machen

Es war einmal eine Frau. Sie hatte die Fähigkeit, sich innerhalb von Bruchteilen einer Sekunde in ein DIN-A4-Blatt zu verwandeln. Und das machte sie folgendermaßen: Immer wenn sie einen Raum betreten wollte, schaute sie auf die Türklinke und überlegte, was in dem Raum sein könnte. Wenn die Antwort belastend war, wurde sie sofort zu einem Stück Papier und gelangte direkt unter der Tür in den Raum.
Das ging blitzschnell und hatte einige Nachteile: Man

übersah sie, manche traten auf sie drauf und verschmutzen das Papier.
Eines Tages reichte es ihr. Trotz leichter Befürchtungen blieb sie Mensch und ging zum ersten Mal aufrecht mit Haut und Haaren durch die Tür. Das war hochinteressant. Zuerst kam sie sich vor wie in dem Film „Matrix." Zeitlupenartig ging sie Schritt für Schritt im Raum herum. Wie in dicken Gummistiefel watete sie durch eine dichte Masse und traf dann die gewünschte Person. Auch hier kam ihr alles zeitlupenartig vor und ihr Mund bewegte sich, als würde sie zähes Fleisch kauen. Komischerweise bemerkte dies niemand. Sie führte das geplante Gespräch und verlies mit den erforderlichen Informationen den Raum. Hinter der Tür war wieder alles normal.
Dies tat sie immer häufiger und schließlich vergaß sie ihre Fähigkeit, zu Papier zu werden.
(Sicherheit)

Die kluge Mutter

Es war einmal eine Mutter, die sich daheim in ihrem Haus in einem kleinen Dorf sehr wohl fühlte. Sie fühlte sich derart wohl, dass sie wenig Interesse an der großen Welt draußen hatte. Hin und wieder dachte sie aber mit kleiner Wehmut daran, dass es doch schön wäre, auch in der anderen Welt zu sein. Und das gelang ihr mit einem genialen Trick: Sie hatte nämlich drei Kinder und stattete diese mit allen Fähigkeiten aus, in die große Welt gehen zu können. Sie waren ihre Kundschafter und eroberten

die Welt.
Die Mutter konnte ihre Kinder dabei beobachten und hin und wieder machte sie sich sogar Sorgen, denn sie betrachtete die Erfahrungen der Kinder aus ihrer „kleinen Dorfsicht."
Für die Kinder waren die Erfahrungen normal, da sie aufgrund der guten Ausbildung mit der großen Welt angemessen umgehen konnten – für sie war es der gewohnte Alltag.
Und so begleitete die Mutter ihre Kinder in ihren Träumen oder tauchte durch die Erzählungen in diese fremdartigen Welten ein. Das fand sie alles sehr erfüllend und es bereicherte ihr Leben. Trotz allem war sie sich sicher, dass sie selbst niemals diesen Sprung machen wird, denn sie liebte über alles ihre kleine, friedliche, überschaubare Heimat. Und das war gut so.
(Erfüllung, Ruhe)

Der Küchenengel

Es war einmal ein Küchenengel. Und das kam so. In seiner Jugend erkannte man seine Fähigkeiten und unterstützte ihn dabei. Und daher musste er nicht ständig herumfliegen, sondern durfte, so oft er wollte, in der Küche sein. Alles ging ihm gut von der Hand.
Und das Wunderbarste bestand in der Eigenschaft seiner Speisen, die die Essenden positiv beeinflussten. Alles war so beseelt von Liebe und Freude, dass sie ansteckend wirkten. Die Suppen benetzten die Seele und ihr Geschmack schmeichelte nicht nur dem Gaumen, son-

dern erreichte das Herz. So dämpfte es Wut oder Hass und kleine Läuterungen setzten ein.
(Spaß, Essen, Freude)

Die glückselige Linie

Es war einmal eine Linie. Eine einfache Linie, die wahrscheinlich gar nicht wusste, dass sie eine Linie war. Sie war zufrieden, aber hin und wieder hatte sie Lust, anders zu sein. Dann versuchte sie, ihre Form zu verändern. Machte sie sich dicker, dann fühlte sie sich behäbig und schwer bzw. dünner, dann zerfiel sie und fühle sich zerbrochen an.
Manchmal änderte sie ihre Geschwindigkeit: Gab sie Gas, dann wurde ihr schlecht und wurde sie langsamer, das war ihr zu langweilig. Nach diesen missglückten Versuchen kehrte sie zurück zu ihrer alten Form, bis die Wünsche, sich zu verändern, wieder hochkamen. Eines Tages geschah etwas Außergewöhnliches. Sie sah eine Welle. Sinusförmig schwebte sie dahin, majestätisch, schön, einfach großartig, voller Eleganz. Wow, so wollte sie sein.
„Warum soll ich nicht auch so sein, einfach großartig", fragte sie sich und fing im gleichen Moment an sich zu beugen. Zuerst nach unten, dann nach oben. Irgendwie musste die Wellenform doch zu schaffen sein. Aber außer ein paar kleinen Auswuchtungen und Beulen gelang ihr nichts, so dass sie erschöpft aufgab.
Es reichte! Entschlossen traf sie die Entscheidung, weiterhin eine Linie zu sein und dazu zu stehen. In diesem

Moment wurde sie von einer Welle von Kraft und Energie überschwemmt und sie spürte ihre eigene Großartigkeit – und war glückselig bis in alle Ewigkeit.
(Gemeinschaft, Identität)

Das depressive Endlein

Es war einmal ein ziemlich hässliches Endlein. So sah es sich und es war sich sicher, denn es beobachtete alle anderen Tiere. Und alle waren schöner und toller. Nichts gefiel ihr an sich, rein gar nichts. Sie war so abgrundtief hässlich. Und wahrscheinlich wussten es alle anderen auch. Die Farbe der Flügel, die Größe, die Haltung - einfach alles völlig daneben. Sie war einfach nichts! Es konnte nicht mal mit klugen Gesprächen ihre äußere Nichtigkeit ausgleichen. Es war einfach nicht klug genug - geistig tote Hose. So ist es halt. Die normale Verteilung. Dort war sie ganz links am Anfang der Kurve, lebenslang eingebucht auf niedrigste Intelligenz und schlechtestes Aussehen. Das musste so sein. Denn es musste ja auch einen Durchschnitt und die ganz tollen Glücklichen geben. Vielleicht würde sie im nächsten Leben zu den Glücklichen gehören, als Schwan oder so. Sie konnte sich nur noch mit ihrem Schicksal abfinden. Sie musste einfach die Tage rumkriegen oder einfach irgendwann sterben. Was für eine Erlösung.
In ihrer größten Verzweiflung tauchte sie ihren Schnabel lange ins Wasser, um sich umzubringen. Aber das klappte nicht. Sie verschluckte sich und musste erbärmlich husten. Sie war sogar zu blöd, ihrem End-lein-

Dasein ein Ende zu bereiten. Daher legte sie sich einfach hin und wartete, bis alles vorbei war. Und während dieses Wartens, in dem nichts passierte, merkte sie, dass sie in ihrem „alles Nichts“ perfekt war. Kein anderes Lebewesen war so einmalig wie sie.
Und so stolzierte sie ab sofort aufrecht und würdevoll in ihrem perfekten „Alles-Nichts-Sein" durch die Gegend. Und wenn Sie beim Spaziergehen ein hässliches Endlein sehen, das stolz, erhobenen Hauptes durch die Gegend watschelt, dann könnte es diese Ente sein.
(Wechsel des Blickwinkels, Hoffnung)

Sichtweisen

Eine Geschichte über den Beginn der Sprache

Vor langer, langer Zeit, als es noch keine Sprache gab, tauschten sich die Menschen folgendermaßen aus: Sie lehnten sanft ihre Köpfe, Stirn an Stirn aneinander, und überließen den Gehirnen das Kommunizieren.
Auch alle Arten der Liebe wurden durch Zu-Neigung (daher der Name) ausgedrückt. So konnten sich die Wellen des Gehirns direkt austauschen. Dies war viel schneller und klarer als die heutigen Methoden. Trotzdem waren manche damit nicht zufrieden und begannen – anfangs eher zufällig, über Augen- und Kopfbewegungen zu kommunizieren.

Schließlich fingen Leute, die sich für besonders klug hielten, damit an, Töne und Gesänge Gegenständen zuzuordnen. So entstanden die Worte und eine wahrhaft anstrengende Art und Weise, sich zu unterhalten. Allerdings war es einfacher geworden, Handel zu treiben und Kulturgegenstände zu erschaffen. Die Kunst der Zu-Neigung geriet aber immer mehr in Vergessenheit.
Nur in entfernten, einsamen Gegenden trifft man heute noch alte weise Männer und Frauen, die sich auf die althergebrachte Art austauschen und in der Gemeinschaft ihr Glück finden.
(Ruhe, Umdeutung)

Rahmen, Rahmen, Rahmen

Es war einmal ein Mann, der war am Flughafen und schaute aus dem Fenster.
Plötzlich geschah ein Wunder. Im großen Panoramafenster entstanden auf einen Schlag viele kleine symmetrische und unsymmetrische Bilderrahmen. Und wenn er gerade sich einen näher angeschaut hatte, war er verschwunden und viele neue Rahmen tauchten auf, durch die er neugierig hindurchschaute. Irgendwie erinnerte er sich ans Leben. Es gibt anscheinend keinen eindeutigen Blick, sondern es gibt eine unendliche Anzahl Rahmen, durch die man die Außenwelt betrachten kann.
(Sichtweise, Klarheit, Umdeutung)

Die linke und rechte Unendlichkeit

Es war einmal eine Mittellinie, wie man sie oft auf den Straßen sieht. Eine weiße, durchgezogene Linie. Alle meinten, dass sie nichts Besonderes wäre, aber sie wusste, dass sie wichtig war. Sie sorgte nämlich dafür, dass es auf dieser Straße so wenige Unfälle gab.

Sie fühlte sich wahnsinnig lang, eigentlich war sie unendlich. Sie dachte sogar, dass sie ein Symbol für Unendlichkeit sei. Denn sie kommt von links aus der einen Unendlichkeit und dann geht sie weiter nach rechts in die rechte Unendlichkeit und dazwischen war sie. Das heißt, sie war zweifach ewig, eine doppelt-ewige Linie.

Sie hatte natürlich ein paar Sorgen. Beispielsweise, dass sie nachts für einige Stunden schwer sichtbar war und ihre Aufgaben nicht perfekt erfüllen konnte. Einfach unsichtbar zu sein, war für sie schwer zu ertragen, besonders, weil es niemand wahrnahm. Wenn aber ein Auto mit Licht vorbei fuhr, dann erstrahlte sie wieder in ihrer ganzen Schönheit. Dann war sie voll da und konnte Leben schützen. Eine andere Sorge bereiteten ihr die schnellen Autofahrer, die sie ignorierten und sich in Gefahr brachten. Das tat ihr im Herzen weh. Sie hasste besonders Fahrradfahrer ohne Licht. Diese fuhren manchmal sogar auf ihr herum und verschmutzten ihre schöne, weiße Farbe. Das tat ebenfalls fürchterlich weh und sie hoffte dann auf einen kräftigen Regenschauer, der sie wieder säuberte.

Hin und wieder kamen liebe Leute mit tollen Maschinen und reinigten sie gründlich. Die kamen meistens von der

einen Unendlichkeit, taten ihre Arbeit, und verschwanden danach in der anderen Unendlichkeit. Daher dachte sie, dass es eine unendliche Anzahl von Putzkolonnen geben müsste, und fragte sich, ob diese Putzkolonnen alle nur mit ihr beschäftigt waren und sie rund um die Erde putzten. Das waren die Fragen, mit denen sie sich den ganzen lieben, langen Tag beschäftigte. Sie kam jedoch nie zu einem endgültigen Ergebnis.
Alle paar Jahre gab es einen Höhepunkt in ihrem Leben. Nämlich Auffrischung der Farbe. Dann kamen wieder diese netten Menschen in orangefarbenen Anzügen mit einer noch größeren Maschine und weißer Farbe. Ganz liebevoll kamen sie vorbei und strichen sie weiß und glänzend an. Und schließlich gab es noch ganz verrückte Situationen. Manchmal war ihre Linie für eine kurze Strecke unterbrochen, aber sie kannte nicht den dahinterliegenden Sinn. War es Absicht oder taten die netten Menschen ihre Arbeit ungenau oder vielleicht war es ein Aussetzer der Maschine?
So lebte sie von der linken Unendlichkeit zur rechten Unendlichkeit und tat ewig ihren Dienst.
(Spaß)

Eis oder Cola

Es war einmal eine Frau, die gerne zum Tauchen ging. Immer, wenn sie an einem See oder am Meer war, schnappte sie sich ihre Schnorchel und ab ging es in die Tiefe. Dort fühlte sie sich wunderbar. Sie schwebte wie ein Engel dahin und beobachtete all die anderen Fische. Am liebsten schaute sie den Rochen nach, die majestä-

tisch federleicht durchs Wasser zogen. Auch die Fischschwärme, die in großer Anzahl symmetrisch in die eine oder andere Richtung zogen, liebte sie sehr.
Eines Tages war sie längere Zeit unten und nachdem sie voller Freude Richtung Ufer schwamm, befiel sie Wehmut. „Ach, die Fische haben es so schön. Sie bewegen sich mit Leichtigkeit und Grazie, haben die totale Freiheit und ich, ich fühle mich schwer und absolut unfrei. Ach, wäre ich doch ein Fisch im warmen Meerwasser“, sagte sie zu sich selbst. So erreichte sie mit hängendem Kopf das Ufer. „Eis und ‘ne Cola, das wäre schön. Soll ich nach rechts zu der kleinen Kneipe gehen oder nach links zum gemütlichen Kaffeestand?“, war ihr spontaner Gedanke.
Da fiel es ihr wie Schuppen von den Augen: Eis und Cola gibt es nicht für Fische und Kneipen hat sie unten keine gesehen. Sie hatte viel mehr Freiheit als die Fische und wenn Sie ein wenig gesünder essen würde, würde sie sich genauso leicht fühlen.
Beschwingt von ihrer neuen Einsicht rannte sie im Hopserschritt links zum Kaffeestand und gönnte sich ein Eis – natürlich ohne Schlagsahne.
(Freiheit, Wahrnehmung, Interpretation, Glück)

Oben und unten

Es war einmal ein Mann, der lebte auf einer Sprungfeder. Damit konnte er sich in großen Sprüngen durchs Leben bewegen. Er genoss es sehr, so durch die Welt zu springen. Hin und wieder traf er andere mit Sprung-

federn. Manchmal sprang er gemeinsam mit ihnen weiter, meistens blieb er aber auf seinem eingeschlagenen Weg.
Im Laufe der Zeit wurde die Feder immer schwächer und schließlich musste er absteigen.
Nun stand er auf dem Boden und wusste nicht, wie ihm geschah. Gehen am Boden war anstrengend und zudem kam er langsam voran. Andererseits traf er unten am Boden viel mehr unterschiedlich interessante Menschen als oben auf seiner Sprungfeder. Schließlich fand er daran Gefallen und hin und wieder konnte man ihn herumspringen sehen – ohne Feder.
(Umdeutung, Gewohnheiten)

Der kleine Seitenairbag

Es war einmal ein kleiner Airbag. Er war an der Beifahrerseite eines Autos angebracht und sollte die dort sitzende Person bei einem Aufprall von der Seite beschützen.
Einerseits wusste er von dieser wichtigen Bedeutung, andererseits kam er sich ziemlich unwichtig vor. Denn er war nicht so groß und bedeutend wie die riesigen Fahrer- und Beifahrerairbags, die bei einem Frontalaufprall explosionsartig aufgingen. Und so schaute er voller Sehnsucht auf sie und versuchte auch hin und wieder, Kontakt mit ihnen aufzunehmen.
Sie aber wollten nichts vom „Kleinen“ wissen. Sie waren arrogant und beachteten ihn überhaupt nicht. Wahrscheinlich waren es nur unsensible Grobiane - dachte er,

die sich nur prächtig aufblasen konnten.
Er war da ganz anders. Er träumte davon, irgendwann einen Menschen einfühlsam mit seiner aufgeblasenen Hülle zu umarmen und für Sicherheit und Schutz zu sorgen.
Die Tage verstrichen und es passierte nichts. So musste er warten – wobei Warten nicht seine große Stärke war. Und eines Tages war es soweit.
Ein Auto fuhr von der Seite direkt auf das Auto und in Millisekunden war er da. Er öffnete sich in voller Pracht und beschütze die Beifahrerin und konnte größere Verletzungen verhindern.
(Achtsamkeit, Respekt, Wertschätzung, Konkurrenz)

Der Briefkasten ist nur ein Briefkasten

Es war einmal ein Mann, der besaß, wie viele andere, einen Briefkasten. Der war weiß und hatte einen großen, breiten Schlund.
Er tat seit vielen Jahren zuverlässig seinen Dienst. Leider fanden sich in ihm Briefe mit schlechten Nachrichten oder Briefe, die viel Arbeit kosteten. Und so entwickelte der Mann immer mehr Widerstand beim Gang zum Briefkasten. Das ging so weit, dass er an manchen Tagen ihn nicht mehr öffnete, denn er erwartete die gewohnten negativen Nachrichten. Das wurde immer schlimmer und er ertappte sich dabei, den Briefkasten überhaupt nicht mehr zu öffnen. Er war richtig wütend auf ihn.
Eines Tages ging er mal wieder an seinem Briefkasten vorbei und betrachtete ihn ausführlich.

Da erkannte er, dass sein Briefkasten ein ganz einfacher Briefkasten war – nicht mehr. Ein Briefkasten, der von der Post gefüllt wurde. Vollkommen neutral, ein Zwischenbehälter sozusagen – ohne eigenes Dazutun. Ein Nichts ohne Bedeutung. Er konnte einem leidtun. Und er hatte ihm aus Unachtsamkeit Bedeutung gegeben. Und so wurde der böse Briefkasten wieder zu einem Briefkasten, wie jeder ihn kennt.
Und eines Tages kam der Briefkastenbesitzer sogar auf die verrückte Idee, aus ihm eine Überraschungsbox zu machen. Und so ging er am Morgen voller Freude zum Briefkasten, um sich überraschen zu lassen, was alles für Neuigkeiten darin stecken könnten.
(Stressreduktion, Gedanken)

Buchstaben im Urlaub

Alle Buchstaben machen dieses Jahr wieder gemeinsam einen Ausflug – es geht zum See. Auf glatter Oberfläche schwimmen die Buchstaben besonders gut und lassen sich dahintreiben.
Man kann kleine Grüppchen beobachten – Buchstaben, die sich anziehen und sich mögen, schwimmen gemeinsam. So haben sich die Vokale a e i o u zusammengetan. Die meisten freuen sich darüber, endlich ihre Ruhe zu haben. Autonom, das heißt, ohne Worte, verbringen sie eine schöne Zeit. So macht es Spaß, wie ein Film auf dem Wasser zu schweben, sich vom Wind treiben und den Wellen sanft schaukeln zu lassen und die Wärme zu spüren. Jeder kann an diesem Tag machen, wozu er Lust

hat und genießt das Gefühl des Ausruhens und keine Funktion in einem Wort oder Satz haben zu müssen.
Es ist von Vorteil, dass die Buchstaben so platt und flächig sind. Denn die Kommas, und vor allem die Punkte, die mitgereist waren, können nicht ins Wasser gehen, da sie nicht schwimmen. Einige Kommas und Punkte, die es trotzdem gewagt haben, waren natürlich auf den Boden abgesunken. Besonderes Glück haben die Großbuchstaben, die wie auf einer Luftmatratze auf dem Wasser schweben, die Kleinbuchstaben hingegen sind beweglicher.
Interessanterweise gibt es fast nie eine Vermischung von Klein- und Großbuchstaben, da die Kleinbuchstaben die Großbuchstaben für arrogant und überheblich halten. Diese wollen immer am Anfang eines Wortes oder Satzes stehen und schauen auf die Kleinen herunter. Manchmal lachen die Kleinbuchstaben die Großbuchstaben aus, da die sich damit das Leben schwer machen. Gerade schwimmt ein T vorbei.
Am Ende des Tages, nachdem sie sich alle ausgetobt oder gut erholt, durch das Schweben am Wasser haben, fahren sie glücklich und zufrieden nach Hause. Morgen gibt es wieder gemeinsam viel zu tun.
(Entspannung)

Das wütende Gummibärchen

Es war einmal ein Gummibärchen, das immer, wenn es wütend war, einen roten Kopf bekam und dann leuch-

tete. Die Farbe war so schön, dass jeder dieses Bärchen gerne aufessen wollte.
Einerseits war es traurig, dass es seine Emotionen nicht im Griff hatte, anderseits war es total begeistert über seine Farbe, denn es war roter und kräftiger als alle anderen Gummibärchen. Im Prinzip das schönste Bärchen in der Packung, was es natürlich aufbaute.
Und so konnte es sich nicht entscheiden, ob es zum Gummibärchenpsychiater gehen sollte, um seine leichte Erregbarkeit in den Griff zu bekommen. Eine andere Möglichkeit wäre, sich eine Schutzschicht zuzulegen, was manche Gummibärchen wahrscheinlich aus diesem Grund haben – eine ekelige, gallertartige Masse. Damit würde es nicht mehr rot anlaufen. Es könnte sich hinter einem gelben Gummibärchen verstecken und wenn es anlaufen würde, sah man es nicht.
Auch hatte unser Gummibärchen schon einige Übungen gemacht, um die rote Birne zu verhindern: Purzelbäume, Radfahren, schnell laufen, ignorieren, aber alles hat nicht funktioniert. Teils wurde es sogar schlimmer und die leuchtende rote Farbe verteilte sich auf den ganzen Körper. Da es von der Grundausstattung schon rot war, fiel es Gott sei Dank den meisten anderen Gummibärchen nicht auf. Nur unser Gummibärchen wusste es und das war bitter. Und so schämte es sich noch mehr und wurde noch roter.
Eines Tages war ihm alles egal. Es entschied einfach, dass es so ist, und genoss es einfach. So schnell rot werden konnte keiner und das satte Rot zu erleben, war toll. Nachdem diese Entscheidung getroffen war, verblasste

immer mehr das leuchtende Rot und aus unserem roten, roten Gummibärchen wurde ein ganz normales, rotes Gummibärchen.

Und wenn Sie jemals wieder eine Packung Gummibärchen aufmachen und ein richtig rotes Gummibärchen sehen, dann ist es vielleicht das, von dem diese Geschichte handelt. Essen Sie es mit Genuss!

(Relativität, Sichtweise)

Astrids Wellenreitschule

Auszüge aus ihrem Prospekt:

Liebe(r) Wellenreitinteressierte,

ich möchte Sie herzlich in meine Wellenreitschule einladen.

Wir sind ein Team von Wellenreiterinnen, die das sanfte Gleiten ins Leben gerufen haben.

In vielen Schulen geht es nur darum, die größten Wellen reiten zu können und irgendwann mal die Monsterwelle zu schaffen.

Das ist nicht unser Ziel. Wir sind hier an einem ruhigen See, in dem es hin und wieder große Wellen gibt, aber meistens sind es nur kleine. So besteht die Herausforderung, die kleinen Wellen zu lieben, zu genießen und eins mit ihnen zu werden.

Einer unsere Schüler hat sogar bei einem internationalen Wettbewerb gewonnen. Denn beim entscheidenden Finale gab es nur kleine Wellen und er war der einzige, der damit fabelhaft umgehen konnte. Er hat eine

Methode entwickelt, mit der er durch Atemtechnik, leichte Kopf- und Augenbewegungen die Wellen nach seinem Wunsch beeinflussen konnte - sie zähmen wie ein Pferdeflüsterer.
Entscheiden Sie sich für unsere Schule mit dem Motto: Freude am genussvollen, sanften Surfen. Bretter in jeder passenden Größe sind vorhanden. Buchen Sie eine kostenlose Probestunde.
Auf hoffentlich bald,
Ihre Astrid
(Rahmen, Geschwindigkeit, Rhythmus, Natur)

Der freundliche Tautropfen

Es war einmal ein Tautropfen. Er fiel am Morgen auf ein wunderschönes, grünes Blatt. „Hoffentlich habe ich das Blatt nicht aufgeweckt oder verschreckt – so früh am Morgen“, dachte der Tropfen. Denn er war sehr höflich, mitfühlend und freundlich. Während es so sinnierte, rollte es weiter zum nächsten Blatt – und die gleichen Gedanken kamen ihm. Es glitt von Blatt zu Blatt, fast schon ein wenig hilflos, denn er war dauernd am Entschuldigen - aber schon wieder zu spät. Endlich landete er auf einem großen Blatt, das sich so faltete, um ihn aufnehmen zu können. Gerade wollte er sich entschuldigen und bedanken, als das Blatt anfing zu schimpfen. „Was machst Du Dir denn für blödsinnige Gedanken. Wir sind alle froh, dass Du über uns streichst. Das aktiviert unser Wachstum und lindert unsere Trockenheit“.
„Oh, so habe ich es nie betrachtet, das wusste ich nicht.

Ich ging immer von mir aus. Wenn auf mich ein anderer Tropfen fallen würde, wäre ich sehr erschreckt – trotzdem er ja auch nichts dafür kann." „Gib endlich Ruhe, bleibe ein bisschen bei mir und dann kannst Du ja weiterreisen."
Und so blieb unser Tautropfen eine lange Weile auf dem Blatt, genoss die Strahlen der Morgensonne, wurde immer kleiner und kleiner und war schließlich verdampft.
(Natur, Kontakt)

Dalai Lamas Kichern

Wenn man Vorträge des Dalai Lamas hört, kann man immer wieder ein fröhliches Kichern vernehmen. Wenige wissen, was es bedeutet - möge es nicht auf eine ernsthafte Erkrankung verweisen.
Als ich eines Tages mehrere Tage in Dharamsala weilte, konnte ich glücklicherweise einem Vertrauten des Dalai Lamas diese Frage stellen. Seine Antwort:
Beim Kichern geht es um die zwei Ebenen der Ernsthaftigkeit. Im alltäglichen Leben ist Ernsthaftigkeit eine gute Eigenschaft. Das kann man im Beruf oder bei der Kindererziehung erkennen. Auch ein Versprechen oder pünktliche Erscheinen zu einem Treffen kann von Ernsthaftigkeit geprägt sein. So zeigt man durch sein Verhalten den Wert und den Respekt. Regelmäßiges Meditieren oder Rituale, die man versprochen hat zu befolgen, sind ebenfalls gute Beispiele.
Andererseits – und nun kommt das Kichern ins Spiel –

sollte man das Leben nicht zu ernst nehmen. Wir sollten alle von Glück und Freude beseelt sein, dass wir wieder inkarniert werden. Nicht als Ameise oder Huhn, sondern – da möchte ich Euch Europäer ansprechen - in einem relativ sicheren Gebiet, in dem fast alle sich nicht um die Gefahr des Verhungern kümmern müssen. Eure Bildung und Kultur ist hoch und ihr könnt die von der Arbeit übrige Zeit für Eure persönliche oder gesellschaftliche Entwicklung verwenden. Oft erleben wir dabei aber viel zu viel Ernsthaftigkeit, die Entwicklung verhindert. Viele verkrampfen und verhalten sich leicht zwanghaft, trotzdem es ein Spiel ist, das man voller Freude und Gelassenheit mit einem Schuss Ernsthaftigkeit spielen könnte. Daher kichert der verehrte Dalai Lama in seinen Vorträgen. Er will auf die Fröhlichkeit des Weges hinweisen und dass man die Ernsthaftigkeit nicht zu ernst nehmen sollte.

Ich bedankte mich für diese gute Nachricht und wollte sie gleich an Euch weiter geben. Leider habe ich sie im Laufe der Zeit selbst vergessen, und als mich vor einigen Tagen ein sehr ernsthafter Klient aufsuchte, erinnert ich mich wieder daran und nahm mir die Zeit sie aufzuschreiben.

(Ernsthaftigkeit, Humor)

Stressreduktion

Die Bienenkönigin

Sie sitzt einfach da
Füllt die Wabe vollständig aus
Nimmt ihren Raum ein
Prall, voll und dicht
Alle sind für sie da
Sie wird umsorgt und gepflegt
Sie schaut umher
Alle dienen ihr
Kein Raum zum Nachdenken
Es geschieht – jetzt
Zwischenzeiten werden übersprungen
Kein Raum für Reste
Alles ist ein Honigschlecken
Der Atem geht ein und aus
Sie ist voll da
Was will man mehr?
(Ruhe, Aufmerksamkeit)

Aufruhr im Hamsterland

Der technische Überwachungsverein für Hamsterräder hat sich zur sorgfältigen Überprüfung aller aktiven Hamsterräder für nächste Woche Montag überraschend angekündigt. Alle öffentlich und privat benutzten Räder werden einer strengen Überprüfung unterzogen.
So fallen auch alle Räder, die hinter verschlossenen

Türen heimlich betrieben werden, unter diese Maßnahme. Trotz gewerkschaftlicher Interventionen konnte diese überstrenge Kontrolle nicht verhindert werden. Ebenso scheiterten Unterschriftenaktionen und die Einschaltung der überregionalen Presse.
So geht eine entsprechende Besorgnis um, die sich bei manchen, ängstlichen Hamstern bis zur existentiellen Krise steigert. Niemand kann sich einen Tag ohne mühevolle Arbeit im Rad vorstellen. Manche Hamsterradbetreiber behaupten sogar, dass ihr Rad ein Perpetuum mobile sei, das nur hin und wieder einen kleinen Impuls seines Eigentümers benötige – Radlaufen ohne Anstrengung. Andere, mit mehr sportlichem Elan, bauen zusätzliche Bremsen ein, um überhaupt angemessen herausgefordert zu werden. Oder die Naben werden nicht geölt und angerissene Stäbe nicht repariert. Sicherheitsabstände werden nicht eingehalten oder den Ein- und Ausgang am Rad, wie vom TÜV vorgeschrieben, gibt es nicht oder nicht zweisprachig beschrieben. Auch fehlt die Warnung: „Vorsicht Stufen" in Englisch, Deutsch und Hamsterianisch. Viele haben die Befürchtung, dass ihr Rad durch die strengen Kontrollen fällt, beziehungsweise im Notfall sogar stillgelegt wird. Dies würde zu psychischen Belastungen führen, die für manche Hamster zu nicht mehr behebbaren Verhaltensänderungen führen könnten. Die kurzfristigen Entspannungsübungen am Morgen oder Abend würden wegfallen, ebenso die alljährliche Hamstertournee. Für einige führt allein die Vorstellung, dass ihr Rad kurzzeitig stillstehen könnte, zu den schlimmsten Befürchtungen.

Für viele ist die Nachtruhe vorbei. Geschäftiges Basteln kann man allerorts hören. Stäbe werden erneuert, Bedienungsanleitungen geschrieben, dazu dreisprachige Erklärungen, Rost entfernt und Teile mit roter Rostschutzfarbe gestrichen, Naben gefettet und stabile Grundgestelle gezimmert und Bremsen entfernt. Stababstände werden mit einer speziellen Schublehre nachgeprüft und mit den TÜV-Bestimmungen abgeglichen. Schließlich kommt noch die Gewichtskontrolle: Abhängig vom Gewicht des Rades sind diese bis zu einem bestimmten Alter oder Gewicht des Eigentümers zugelassen. Bei anderen Rädern sind die Stäbe aus Spezialmaterial und haben daher eine Sonder- und Ausnahmegenehmigung.

Manche ökologische, politisch grüne Hamster haben an den Naben sogar unerlaubte Dynamos angebaut. Sie erzeugen so nebenbei Strom und führen ihn in das örtliche Stromnetz ein, beziehungsweise speichern den Strom in Akkus für schlechte Zeiten. Dies wird von den konservativen, orthodoxen Hamsterräderfreunden mit Abscheu und Widerwillen beobachtet. Sie wollen das Radlaufen nur zum Spaß und zur Freude sehen, irgendwelche kommerziellen Gesichtspunkte sind ihnen fremd. Manche gut informierte Kreise behaupten sogar, dass der Hamsterrad-TÜV von diesen Querköpfen informiert wurde.

Was soll nun an diesem Montag geschehen? Manche Optimisten glauben, dass schon mittags die ersten Räder wieder freigeschaltet werden, und der Tag somit glücklich enden wird. Andere denken, dass es bis Dienstag

oder Mittwoch dauern wird und versuchen bei Freunden und Bekannten freie Radlaufzeiten vorzubuchen. Ganz Kluge besorgen sich alte Räder, um die Zwischenzeit nützlich zu verbringen. Keller und Dachböden werden daher sorgfältig abgesucht und viele sind froh, mal wieder nichts weggeschmissen zu haben.
Andere denken über Bestechungsgelder nach, obwohl sie wissen müssten, dass der deutsche TÜV unbestechlich ist. Auch der vorzeitige Ruhestand wird von dem einen oder anderen ernsthaft in Erwägung gezogen. Die Hamster überlegen sich, mit welcher Feier sie ihr altes Rad auf den Hamsterradfriedhof überführen könnten. Manche laufen in der Nacht zum Montag durch und fallen erschöpft am frühen Morgen ins Bett. Einigen wurde allerdings auch klar, dass ihr Laufen fast zur Sucht geworden war. Vielleicht sollten sie über eine tägliche Laufzeitbegrenzung nachdenken?
Die Optimisten behielten recht. Der TÜV stieß überwiegend auf funkelnde, fast neuwertige Räder und alle Befürchtungen lösten sich in Luft auf, denn schon am Montag Abend waren alle Räder geprüft und für die Benutzung wieder freigegeben. Nur der eine oder andere erhielt eine unwesentliche Auflage.
Die große Sorge, dass in der neuen HRLVO (Hamsterrad-Laufverordnung) die Laufzeit der Räder eventuell auf täglich zehn Stunden durch eine pflichtgemäß einzubauende Mechanik begrenzt werden würde, wurde durch den HIV (Hamsterinteressensver- band) endgültig abgewendet. (Stress, Burnout, Spaß)

Das magische Laufband

Es war einmal ein entschlossener Mann, der sich immer sehr anstrengte. Sein ganzes Leben war eine einzige Anstrengung. Er lief den lieben, langen Tag durch die Gegend, setzte sich für alle ein und tat sein Bestes. Er liebte die Menschen, engagierte sich für seine Familie, Freunde und im Beruf. Leider kam er aber nie voran. Oft hatte er am Abend das Gefühl, trotz des ständigen Rennens und Laufens auf der Strecke getreten zu sein. Und so lief er am nächsten Tag schneller, aber am Abend fühlte er wieder die gleiche deprimierende Stimmung.
Eines Tages machte er eine seltsame Entdeckung. Je schneller er lief, desto schneller bewegte sich der Boden. Das konnte doch nicht sein! Er machte weitere Experimente und zu seiner Überraschung war das Ergebnis immer das gleiche: Der Boden bewegte sich in seiner Geschwindigkeit mit, wie ein Laufband. Und die Geschwindigkeit dieses magischen Bandes wurde durch ihn gesteuert. Je schneller er lief, desto schneller lief das Laufband. Und wenn er langsam ging, bewegte sich das Laufband langsamer.
Eine schreckliche Entdeckung! Nun wusste er, warum er im Leben nicht vorankam. Alles war umsonst! Es war zum Heulen. Seine ganze Anstrengung, sein Hetzen und seine Ungeduld – alles umsonst. Das hätte er sich sparen können. Er war erschüttert über diese Erkenntnis. Aber er gab nicht so schnell auf. Es zog andere Schuhe an, er lief barfuß – keine Veränderung. Er lief in der Nacht und sogar rückwärts – keine Veränderung. Er machte lange Schritte und weite Sprünge oder schnelle und kleine –

keine Veränderung.
Wie konnte er dieses magische Laufband austricksen?
Irgendwann war er so erschöpft, dass er nur ganz kleine Schritte machte. Verwundert stellte er fest, dass sich das Laufband nicht mitbewegte. Vielleicht schlief es? Er beschleunigte wieder ein bisschen und schon bewegte sich das Band – und wenn er wieder kleine Schritte machte, stoppte das Band. So konnte er das Laufband ausschalten: mit kleinen, langsamen Schritten, Stück für Stück. Er fand sein eigenes Maß und ging von nun an mit kleinen, langsamen Schritten durch das Leben. Damit kam er gut voran und erreichte auf langsame Weise sehr schnell seine Ziele – wie in Sieben-Meilen-Stiefeln.
Heureka! Er hatte das Rätsel des gelassenen Vorwärtskommens endlich entschlüsselt!
(Burnout)

Viel Wind um nichts

Es war einmal ein großer, starker Mann, der viel Luft brauchte. Er zog sie immer ein und atmete sie mit großem Getöse aus. Es war schon ein bisschen gefährlich, sich in seiner Nähe aufzuhalten, da beim Einziehen der Luft ein Sog entstand, der sogar Gegenstände bewegte.
Der Mann gewöhnte sich daran und auch seine Freunde, denn sie wussten, dass es immer sehr windig um ihn herum war. Manche kamen ihm aus Sicherheitsgründen nicht mehr so nahe oder versuchten sich irgendwo fest-

zuhalten – gerade leichte Personen hatten da ihre Mühe.
Eines Tages kam ein kleines, süßes Mädchen in seine Nähe. Es hörte schon von weitem, dass er wie ein Orkan atmete. „Lieber Onkel“, fragte es, „ warum atmest du denn wie ein Nilpferd? Kannst du nicht wie ich atmen? Einfach langsam ein und langsam aus. Ich liebe meinen Atem und genieße es, wie er langsam durch meine Nase fließt und dann durch den Hals meine Lungen erreicht und sich dort ein wenig dehnt. Das ist jedes Mal spannend und aufregend. Probiere das doch mal, das tut dir sicher gut.“
Da unser Freund Kinder liebte und das Mädchen nicht länger erschrecken wollte, versuche er es.
Das erste Mal seit langem atmete er vorsichtig ein, spürte den Luftzug durch die Nase, erlebte, wie die Nasenflügel sich ausweiteten und beobachtet die Ausweitung von Brust- und Bauchraum mit einer Spur in den Schultern. Und das Ausatmen ging genauso. Das war ja wunderbar. Und so begann er ab sofort, so zu atmen wie es das kleine Mädchen ihm geraten hatte.
Das hatte ziemliche Folgen. Plötzlich kamen die Menschen ihm wieder näher und er begann weniger zu essen, da er bemerkte, dass er bei einem leichteren Körper leichter atmen konnte.
Und so wurde er immer leichter, das Atem wurde leichter und seine Gedanken wurden leichter, das ganze Leben wurde leichter ...
(Verhalten, Hektik)

Wer aufwirbelt, muss auch abwirbeln können

Es war einmal eine Frau, die hatte einen Wirbelwind zum Freund. Jeden Tag nach dem Aufwachen fing er an, leicht herumzuwirbeln. Er begann, sich spiralförmig in den Tag zu drehen: Zuerst in kleinen, engen Spiralen, die dann immer größer wurden, bis er die ganze Wohnung ausfüllte.

Und auf der Fahrt zur Arbeit konnte er jeden Winkel eines Fortbewegungsmittels komplett ausfüllen – ob Auto oder Bus, keine Ecke wurde von ihm verschont.

Am Arbeitsplatz ging es dann richtig los: Er fing am Schreibtisch seiner Freundin an, füllte ihr Büro und bald alle Räume der Firma. An guten Tagen reichte seine Kraft sogar für das ganze Haus. Gott sei Dank war er so geschickt, dass er nur seine reine Energie verteilte und daher Personen oder Gegenstände nicht bewegt wurden. Dies machte ihm sehr viel Freude. Doch hatte sein energiereicher Einsatz einen kleinen Nachteil: Am Abend kam er mit voller Wirbelkraft nach Hause und sackte dann von einem Moment zum anderen zusammen. Denn er kannte nur „Vollwirbeln."

Eines Tages nahm seine Freundin ein erholsames Bad. Er wollte zwar wieder wirbeln und Schaum erzeugen, aber er war einfach zu müde und vollkommen abgesackt. Er genoss das warme Wasser und beobachtete, wie das Wasser im Abfluss verschwand. Da fiel ihm auf, dass das Wasser spiralförmig nach unten wirbelte. Er kannte bis-

lang nur spiralförmige Bewegungen nach oben. Bevor er einschlief, nahm er sich vor, am nächsten Tag die Spirale nach unten auszuprobieren.
Wie immer startete er spiralförmig in den Tag. Am Nachmittag kamen wie üblich die ersten Ermüdungserscheinungen, die er bislang ignoriert hatte. Das war eine gute Gelegenheit, die Idee der Spirale nach unten auszuprobieren. Aber er scheiterte, da er nicht die Kurve rückwärts nach unten drehen konnte. Er fand nicht den richtigen Dreh. Es gab nur „Alles oder Nichts."
Da er ein intelligenter, flexibler Wirbelwind war, nahm er sich vor, die Rückwärtsspirale systematisch zu erforschen. Er beobachtete genau, wie er am Morgen in seine Wirbelform und -geschwindigkeit kam.
So erkannte er beispielsweise bestimmte Abfolgen im Büro: hinsetzen, Kaffee trinken, über den Tag nachdenken, Computer einschalten, lesen, reden mit anderen Personen, und so weiter.
Konnte man das nicht einfach rückwärts machen? Und so experimentierte er mit dieser Abfolge, das heißt, er begann am frühen Abend den Prozess rückwärts zu machen: reden, lesen, Computer abschalten, über den Tag nachdenken, Tee trinken und dann natürlich aufstehen und das Büro verlassen. Am Anfang fand er dies sehr zwanghaft und gleichzeitig amüsant, aber er bemerkte, dass er so den richtigen Dreh fand und langsam das Abwirbeln – wie das Wasser im Abfluss, lernte.
Bald konnte er sich von dem zwanghaften Ablauf lösen und sein Wirbeln flexibel gestalten. Bereits am Morgen überlegte er sich, in welcher Stärke und Geschwindigkeit

er an diesem Tag wirbeln wollte. Und es gab Tage, an denen Wirbeln nicht notwendig war und er seine Freundin in Ruhe lassen konnte.
(Stress, Rhythmus)

Der Mann mit den besonderen Eigenschaften

Es war einmal ein Mann, der hatte ein schweres Leben. Neben seinem normalen Job und seinen Kindern, musste er in seiner Freizeit an einem großen Haus bauen. Der Begriff Haus ist etwas untertrieben, denn es war eigentlich eine Burg. Immer wenn er ein bisschen Zeit hatte, ging er mit seiner Frau auf den Bau und verlegte Kabelschächte, betonierte oder schleppte Steine. Es ging treppauf, treppab, auf klapprigen, aber sicheren Gerüsten. So ging es sein Leben lang. Er beklagte sich nicht und tat seine Arbeit.
Eines Tages war sein Herz überfordert und er starb.
Natürlich kam er in den Himmel. Dort war es ganz anders. Alles war leicht. Er konnte jeden Tag einen gemütlichen Spaziergang machen und es freute ihn besonders, mit früheren Freunden zusammen zu sitzen. Es gab viel zu besprechen, man machte Musik und die Zeit verging wie im Flug.
Bald stieß er auf eine interessante Entdeckung – er konnte durch die Luft gehen. Für langjährige Himmelsbewohner eine alltägliche Sache. Es gibt im Himmel keine festen Wege oder Straßen. Man stellt sich einfach vor, wohin man gehen will und schon ist man dort.

Wenn man nach oben gehen will, stellt man sich dies vor und schon ist man höher. Das war fantastisch!
Er dachte an seine frühere Zeit auf dem Bau. Diese Eigenschaft hätte vieles leichter gemacht.
Daher hatte er große Lust, die noch nicht fertig gestellte Burg seiner Frau zu besuchen. Da er ein guter Mensch war, bekam er die Erlaubnis, nach unten zu gehen.
Und so machte er immer wieder einen Sonntagsausflug auf die Baustelle. Da er nun auf der Luft gehen konnte, war es ganz leicht, die Mauern ohne Gerüst zu begutachten. Er schaute in alle Ritzen und Ecken, und wenn er einen kleinen Fehler oder eine Unebenheit fand, konnte er sie mit einer kleinen Zauberkelle ausbessern. War das eine Freude. Alles ging leicht von der Hand und machte Spaß. Glücklich und zufrieden ging er wieder in den Himmel zurück und erzählte seinen Freunden von seinem Abenteuer.
Auch seine Frau bemerkte hin und wieder diese Verbesserungen auf dem Bau. Sie war sehr verwundert – scheinbar waren ihre Helfer doch besser, als sie gedacht hatte.
(Tod, Ausgleich)

Die blaue Liebelle

Es war einmal eine wunderschöne blaue Liebelle, die es genoss, ihre Zeit an ihrem Lieblingsteich zu verbringen. Es war der einzige Teich, den sie kannte, aber es war ein herrlicher Teich mit allem, was sich so eine kleine Liebelle nur wünschen konnte. Meistens lag sie morgens auf ihrem Lieblingsteichblatt, einer prachtvollen Seerose, und ließ sich vom sanften Wind und dem Schaukeln der Wellen verwöhnen. Wenn es warm geworden war und das Blatt sich von den ersten Sonnenstrahlen erwärmt hatte, streckte und räkelte sie sich zuerst ein wenig und begann dann gemächlich aufzustehen. Für ihre Morgentoilette reichte meistens ein bisschen frisches, kühles Wasser, das es natürlich in Hülle und Fülle gab. Sie war eine Liebelle, die wirtschaftlich mit ihrer Energie umging und jede Verschwendung vermied. Wie sie aus Erfahrung wusste, gab es jeden Tag so viele Überraschungen und schöne Dinge zu erleben, dass es sinnvoller war, dafür ihre Energie zu verwenden.

So machte sie sich als erstes auf einen kleinen Rundflug über den Teich, der ihr ein so schönes Zuhause bot. Natürlich musste sie die schnell wachsenden Gräser besuchen, die sich schon freudig im Wind hin- und her wiegten. Geschickt flog sie zwischen ihnen hindurch und ließ sich von ihnen streicheln. So fielen ihr die letzten Sandkörnchen aus den Augen und sie summte voller Freude vor sich hin. Als Nächstes flog sie zu ihren Lieblingssteinen am Ufer, die von Wind und Wetter blank poliert waren, und auf denen es sich so herrlich ausruhen ließ. Es war Zeit für eine kleine Pause. Sie flog über sie hinweg und setzte sich dieses Mal auf einen ganz glatten, weißen Stein, der ihr vor Freude in der Sonne entgegen-funkelte. Sie genoss gleichzeitig die Wärme des Steins und die Strahlen der Sonne.

Nach einer langen Weile nahm sie ausgeruht Abschied, um sich wieder auf den Weg zu machen. Denn von weitem sah sie ihren Freund Willi, den Maulwurf, der sich von seiner schweren Arbeit am anderen Ufer ausruhte. Sie flog freudig hinüber, denn Willi war immer für ein gutes Gespräch zu haben, solange sie ihm nicht auf der Nase herumtanzte.

Willi erzählte ihr begeistert von seiner neuen Methode, Gänge langsam und ganz schön zu bauen und sich dabei nicht mehr so abzuhetzen. „Weißt du, wenn man sie zu schnell gräbt, werden sie instabil und stürzen genau dann ein, wenn du sie gerade benutzen möchtest. Nee, nee, mit mir nicht mehr!“ Sagte Willi kopfschüttelnd, wobei kleine Erdbröckchen von seiner samtigen Nase flogen.

„So lebe ich schon seit vielen Jahren”, antwortete unsere Liebelle ein wenig stolz. „Man sollte nicht nur lieb zu sich sein, sondern auch zum Boden und seiner Umgebung”.

„Du als Liebelle”, sagte Willi, “kannst ja leicht darüber reden. Dein Name allein ist ja jeden Tag eine Erinnerung daran. Ich dagegen arbeite immer so viel und vergesse darüber, wie wichtig eine liebevolle Einstellung zum Leben ist.”

„Heute sind wir aber philosophisch”, antwortete die Liebelle.

„Also, ich liege hier noch eine Weile herum und lass mir meinen Bauch anwärmen”, meinte Willi, „wenn’s dann abwärts geht, kann ich das dem Boden als kleines Geschenk mitbringen. Besonders die Regenwürmer freuen sich darüber.”

„Tschüs, bis morgen”, antwortete unsere Liebelle und

machte sich wieder auf den Weg. Sie ließ sich vom Wind mitnehmen und stieg mit der über dem Teich entstehenden Thermik nach oben und konnte so ihren Teich von weit oben betrachten.
Wie schön er war – einfach vollkommen. Sie drehte ein paar Runden und stürzte sich dann abenteuerlich nach unten. Ihre Flügel flatterten im Wind und sie jauchzte voller Freude und sang ihr Lieblings-Liebellenlied.
Es wurde langsam Abend und der Sonnenuntergang tauchte den Teich in ein wunderbares Rot. Die Liebelle hatte an diesem wunderschönen Tag wieder viel erlebt und suchte sich einen Platz für die Nacht. Momentan schwankte sie zwischen ihren Seerosenblättern auf dem Teich und einer besonderen Blume, deren Blütenkelch sich abends zu einer kleinen, kuschligen Höhle, in der sie gerade Platz fand, formte. Sie entschied sich diesen Abend für die Blume und schaute sich nach dem entsprechenden Platz um. Da hörte sie ein freundliches „Hallo" und sah schon ihre Übernachtungsmöglichkeit mit dem Köpfchen nicken. Die Blume freute sich, dass sie nicht allein war, zudem nutzte beiden die Gastfreundschaft: Ihre Blätter wurden automatisch von den Liebellenflügeln von Staub und Schmutz gesäubert und die kleine Liebelle hatte Schutz vor Kälte und Regen.
Und so legte sich die liebevolle Liebelle zufrieden in ihrer Blütenhöhle schlafen und träumte schon vom nächsten, schönen Tag.
(Verwöhnung, Stille, Spaß)

Der Wind und die Elfe

Es war einmal eine kleine, feenähnliche Elfe. Sie wohnte in einer wunderschönen Höhle und jeden Morgen nach dem Aufwachen flog sie hinaus in die Welt. Besonders im Frühling war es herrlich, umher zu fliegen - Altes zu bewundern oder Neues zu entdecken.
Ihr einziges Problem war starker Wind. Da sie so leicht war, wurde sie von ihm – ohne dass er es wollte – wie in einer Achterbahn hin und her geworfen. Dann musste sie schnell wieder zurück in die Wohnung fliegen.
Eines Tages, die Luft war warm und der Wind schlief, entschied sie sich für einen großen Ausflug, bei dem sie an ein Haus kam, aus dem Klaviermusik klang.
Ein kleiner Junge spielte ein Stück von Mozart und sie kuschelte sich in den wunderschönen Klang. Dies hielt aber nicht lange, denn am Ende des Stücks wechselte das Kind über zu Fingerübungen. Es begann unten bei den Tasten – vielleicht auf 20 cm Höhe und spielte bis ganz nach oben. Das war schrecklich anzuhören. Die tiefen Tasten machten sie schwer und die hohen machte sie leicht, fast schon betrunken.
Bald fing das Kind voller Enthusiasmus sogar ganz unten an und hörte erst oben am Holz auf. Er schien ein bisschen wütend zu sein, denn er hämmerte voller Energie auf den Tasten. Das musste sie sich nicht anhören, und so flüchtete sie wieder durch das Fenster.
Sie flog wieder zurück und da geschah das Unglück. In der Zwischenzeit war der Wind erwacht und er schüttelte sie heftig durch. So hatte sie keine Chance, in ihre

sichere Höhle zu gelangen. Sie dachte in ihrer Not an alles, was sie schon erlebt hatte. Auch die schöne Musik, die sie gehört hatte und die tiefen Töne, die sie so schwer machten. Und da geschah es. Beim Gedanken an die tiefen Töne wurde sie schwerer und schwerer. Sie brauchte nicht mehr zu kämpfen, denn der Wind hatte keine Macht mehr über sie. Mit schwerer Leichtigkeit konnte sie ihren Weg fliegen und gelang schnell in ihre schützende Höhle. Dort dachte sie an die hohen Töne und schon war sie wieder die Alte und tanzte voller Freude umher.

Und ab sofort konnte sie bei jedem Wind fliegen und hatte noch mehr Freude an Ihrem Leben.

(Lernen, Leichtigkeit)

Die kluge Elfe

Es war einmal eine kleine, feenartige Elfe. Sie war verheiratet und jeden Tag flog sie umher, um für sich und ihren Gemahl zu sorgen. Man musste Essen beschaffen und kochen und die Wohnung herrichten. Dies tat sie fast jeden Tag, denn ihr Mann war unordentlich und an einer schönen, sauberen Wohnung nicht interessiert. Das machte ihr große Sorgen und sie war immer etwa unglücklich.

Zu diesen Zeiten machte ihr das Herumfliegen wenig Freude. Sie fühlte sich so schwer und kam beim Fliegen nicht weit und auch nicht hoch. Oft flog sie mühselig nur leicht über der Bodenoberfläche - laufen wäre wahrscheinlich schneller gewesen.

Am Gewicht konnte es nicht liegen, da sie so schlank wie immer war.
Eines Tages wurde es ihr zu viel. Sie war nicht die Putzfrau und nur Köchin für ihren Mann. Er sollte sich selbst versorgen und nur ein Zimmer in der Wohnung, in dem er sein unordentliches Höhlendasein leben konnte, beziehen. Sie wollte es sich ansonsten richtig schön und ordentlich machen.
Mit dieser Idee im Kopf flog sie wieder hinaus in die Welt. Aber dieses Mal fühlte sie sich leicht und unbeschwert. Sie flog nicht mehr am Boden, sondern hoch in der Luft. Anscheinend hatten die Sorgen sie schwer gemacht und ihren Flug behindert.
Und so blieb sie dabei. Schwere Sorgen blieben zu Hause oder wurden gelöst. Das wäre ja noch schöner, dass sie sich damit belasten würde und nicht mehr so anmutig wie früher flog.
(Partnerschaft, Sorgen)

Tiere

Der neugierige Hase

Es war einmal ein kleiner Hase, der war sehr neugierig. Tagein, tagaus stellte er seinen Eltern immer wieder neue Fragen, denn er wollte alles genau wissen. So tauchte irgendwann die Frage auf, was sinnvoll ist. Da seine

Eltern keine Antwort wussten, machte er sich auf den Weg, um andere zu fragen. Als Erstes kam er an einer Mühle vorbei und frage das Mühlrad, was denn sinnvoll wäre. Das Mühlrad antwortete: „Ich lege meine Schaufeln in den Bach und lass mich einfach bewegen." Der kleine Hase ging weiter und traf eine Schlange. „Was ist für dich sinnvoll", fragte der Hase. „Leise anschleichen und schnell zupacken", war die Antwort der Schlange. Auf dem weiteren Weg traf der Hase einen Baum, den er auch fragte. „Ganz hochwachsen, bis oben hin, wo das Licht ist", war die Antwort des Baumes. Schließlich frage der kleine Hase eine kleine Pflanze. „Mit wenig Licht eine schöne Pflanze werden", entgegnete die Pflanze. Da ging der Hase wieder nach Hause und seinen Eltern fragten ihn, was nun für ihn sinnvoll wäre: Er erwiderte: „Ich glaube, im Zickzack laufen, Haken schlagen und Füchse ärgern."
(Suche nach Sinn, seinen Weg finden)

Der weise Seelöwe

Es war einmal ein Seelöwe, der viele Jahre im Zirkus aufgetreten war. Dort musste er immer ein paar Kunststücke zeigen und am Schluss der Vorstellung thronte er auf einem großen Würfel und dirigierte ein Orchester aus anderen Seelöwen. Das machte ihm ungeheuren Spaß und voller innerer Ruhe, fast majestätisch, erfüllte er seine Aufgabe.
Er wurde als gütiger Berater und Vermittler angesprochen, denn er fand immer die richtigen tröstenden

Worte und Lösungen.
Aufgrund seiner Verdienste konnte er schon frühzeitig seine Zirkuszeit beenden und bekam einen wunderschönen Platz in einem berühmten Zoo. Er nahm seinen geliebten Würfel mit. Er stieg im Zoo immer wieder auf seinen Würfel und betrachtete von dort aus seine Seelöwenfreunde. Manchmal kam seine alte Gewohnheit durch, die anderen – wie früher – zu dirigieren. Dabei machte er eine Entdeckung: Im Laufe der Zeit war sein Würfel geschrumpft. Der große Würfel war nun klein und dadurch war der Seelöwe auf der gleichen Ebene, wie die anderen.
Da dies langsam geschehen war, machte ihm das nichts aus und er gewöhnte sich daran, auf der gleichen Ebene zu sein und einer unter vielen Seelöwen zu sein. Täglich balgte er sich voller Lust mit den anderen um die Fische. Aufgrund seiner Stärke und Erfahrung war er da immer erfolgreich. Und so genoss er seine Zeit im Kreise seiner großen Familie.
(Abschied, Anpassung)

Das kleine Reh

Es war einmal ein kleines Reh, das wollte höher und weiter springen als seine Mutter. Es wollte überall das Beste sein. Obwohl es schon relativ gut war, ärgerte es sich, nicht höher zu kommen. Es träumte sogar, dass seine Mutter gegen einen Ast oder Baum springen und dann nicht mehr so hoch kommen könnte. Das kleine Reh war zwar entsetzt über seine Wut und Aggression.

Aber es wollte gewinnen und das war ihm wichtiger als die Gesundheit seiner Mutter.
Der Grund war, dass es immer das kleine Reh war und da konnte man schon sauer werden! Andererseits könnte es mit dem ganzen Quatsch aufhören und wieder mehr Freude am Springen haben – so weit und hoch zu springen, wie es möglich war – das richtige Maß an Höhe und Weite. Seine Mutter war eben älter und erfahrener und vielleicht erging es ihr in jungen Jahren auch so.
Es überlegte und überlegte, wie es seine Leistung erreichen könnte und musste dann plötzlich lachen: Es ist einfach besser, zu beobachten, was man kann und dann sein Bestes zu tun.
(Kinder, Sichtweise)

Der sportliche Sandfloh

Es war einmal ein Sandfloh. Er wohnte auf Sylt. Seine größte Freude bestand darin, zu sehen, wie einzelne Sandkörner vom Wind aufgenommen wurden und dann an anderer Stelle wieder auf den Boden zurückfielen. Im Sommer fiel der Sand gerne auf den dicken Bauch eines Mannes oder die Hüfte einer beleibten Frau. Das tat dem Sand nicht gut, denn Sand gehört auf Sand. Manchmal spielte unser kleiner Floh mit dem Wind ein Rennen und manchmal überkam unseren Floh sogar der Wunsch, vom starken Wind, wie beim Paragliding, in die Lüfte mitgenommen zu werden. Natürlich hatte unser junger Sandfloh ein bisschen Angst davor. Denn in der Luft zu fliegen, loszulassen und wie ein Segel wieder auf der

Erde zu landen, wäre für ihn eine neue Erfahrung gewesen. Und so schaute der Floh den ganzen Tag sehnsüchtig nach dem Wind, wie der ein kleines bisschen Sand aufnahm, einige Wirbel verursachte und der Sand nach einer kleinen Weile wieder sanft auf dem Boden landete. Und der nächste Windhauch kam und wieder war Kreativität am Arbeiten, das heißt, es war ein bisschen anders. Der Wind nahm andere Sandkörner auf, hob sie in die Luft und ließ sie wieder heruntergleiten. Und so ging es den ganzen Tag. Unser Sandfloh träumte sehnsüchtig davon, einmal dabei zu sein. Er träumte davon, dass ihm irgendwann einmal, wenn er groß war, ein ganz großer Wurf gelingen wird. Er würde dann hoch in die Luft schweben, lange dort verweilen und ganz langsam, majestätisch und kraftvoll hinuntersegeln. Eigentlich wäre dies der ideale Freizeitsport für Sandflöhe, dachte der Floh, gerade für den frühen Nachmittag, wenn nichts los war. Langfristig könnte man daraus einen Leistungssport machen, mit Höhen und Weiten. Er dachte schon an die entsprechenden elektronischen Messgeräte.

Im Herbst könnten die Weltmeisterschaften ausgetragen werden, denn dann sind seiner Meinung nach Weiten von bis zu zehn Meter kein Problem. Bei entsprechendem Training würde er der einzige Sandfloh sein, der so weit segeln könnte. Langfristig wären auch Teammeisterschaften möglich. Später würden Segelstadien gebaut, die an der Seite für den Wind offen waren. Alle Freunde kämen dann zum Sandflohflugfestival (SFF). Ein riesiges Stadium mit hohen Zuschauerrängen, von wo

aus man genauestens den Wind beobachten konnte. Er sieht schon rote Coca-Cola-Werbung und Verkäufer am Strand stehen, mit kleinen Dosen, die an die Sandflöhe verteilt wurden. An der einen Ecke des Stadions standen dann die Wettkämpfer und entschieden mutig, von welcher Windböe sie sich tragen lassen wollten – sich gottähnlich nach oben bringen zu lassen, eine kurze Zeit zu schweben und dann wieder mit der Erde verbunden zu sein. Er würde der Erste sein, der auf diese neue Sportart gekommen war! Ein Grund, das Sandflohdasein noch mehr zu genießen. In drei bis vier Jahren würde an allen Stränden die Meisterschaft ausgetragen und in etwa zehn Jahren würde Sandflohfliegen zu einer olympischen Disziplin werden.
Bei irgendeiner dieser Meisterschaften würde er seine zukünftige Frau treffen. Sie würde einfach dastehen und er würde wissen, dass sie die Richtige ist. Und – Wind sei Dank– durch den würde er sein wahres Glück erreicht haben. Sie würde Kinder bekommen, die dann später die Meisterschaften weiterführten. Somit würde das Sandflöheweitschweben in die Geschichte eingehen und die Sandflohflug-Weltmeisterschaften würden einen festen Platz im Sportgeschehen innehaben. Das wäre prima.
(Spaß, Träume)

Der flinke Käfer

Es war einmal ein Käfer, der träumte vom Fliegen. Da er nicht wusste, wie es ging, fing er an, Gymnastik und

Krafttraining für seine Füße zu machen. Und so gelang es ihm, einige Zentimeter hochzuspringen – was sich für ihn schon ein bisschen wie Fliegen anfühlte. Die nächste Idee war, das Hochspringen mit einem kurzen Anlauf zu verbinden. Der Käfer beschleunigte, sprang hoch und flog einige Zentimeter. Er erkannte, dass die Dauer in der Luft eng mit der Anlaufgeschwindigkeit verbunden war. Daher nahm er immer mehr Anlauf, sprang mit seinen muskulösen Füßen hoch und flog so weit wie ein Skiflieger. Er perfektionierte diesen Ablauf, aber langes Fliegen war nicht möglich. Er wurde traurig und hatte bald keine Lust mehr auf kurze Flüge.
Eines Tages machte er nur den Anlauf und sprang nicht mehr hoch. Da bemerkte er, dass er unwahrscheinlich schnell war. Er krabbelte extrem flink und änderte seine Richtung in Sekundenbruchteilen. Er kam überall hin, hatte einen ungeheuren Spielraum und alle Freiheiten der Welt.
Und so erfreute er sich immer mehr an diesen Fähigkeiten und vergaß seine Sehnsucht nach dem Fliegen.
(Wandel, Überforderung)

Halt! Schütteln

Es war einmal ein Hund, der konnte sich über alles aufregen. Es ging morgens schon los mit dem Gedanken, zu früh aufgewacht zu sein, oder dass die Decke zu feucht war und das Frühstück zu klein oder zu groß geraten war. Sein Herrchen war zwar ein ganz Lieber, aber die

Spaziergänge waren zu lang oder zu kurz oder zur falschen Zeit. So lebte er in vollständiger Unzufriedenheit.
Eines Tages traf er auf einem Spaziergang einen anderen Hund. Der sprang vergnügt hin und her und hin und wieder schüttelte er sich. Das machte ihn stutzig und er sprach den anderen Hund mutig an: „Lieber Kollege! Du bist ja gut drauf, aber warum schüttelst du dich immer wieder?“ „Oh, das ist eine interessante Geschichte“, antwortete der andere Hund. „Das Leben ist herrlich. Ich bin der Einzige von drei Welpen, der überlebt hat. Mein Frauchen ist sehr freundlich und liebenswert und heute scheint die Sonne. Trotz allem kommt aber immer wieder mal ein blöder Gedanke hoch, zum Beispiel gerade vorher, dass ich heute Mittag zu wenig gegessen habe oder dass es bald regnen wird. Dann sage ich zu mir: ‚Halt!‘ Und schüttele mich kurz. Dann sind die Gedanken weg und ich bin wieder in der Gegenwart – glücklich und zufrieden. Am Anfang habe ich mich oft geschüttelt, aber jetzt schüttele ich mich nur noch einige Male am Tag. Und in ein paar Jahren muss ich mich fast nicht mehr schütteln. Also, in deinem Alter werde ich mich wahrscheinlich überhaupt nicht mehr schütteln müssen.“
Das machte unseren Hund nachdenklich, denn genau dieses Problem kannte er zur Genüge.
„Vielleicht sollte ich das auch mal ausprobieren“, sagte er zu sich selbst. Und so ging er weiter und wollte sich gerade über das hohe Gras beschweren, als er zu sich selbst sagte: „Halt“ und sich schüttelte. Da war der Gedanke weg und er konnte sogar spüren, dass das Gras

schön war und seine Haare streichelte.
So ging er gut gelaunt weiter. Leider hörte er sogleich die Pfeife von seinem Herrchen. Nun bin ich gerade gut drauf und dann will der was von mir, dachte er kurz, aber dann: „Halt“, Schütteln! Und so trabte er fröhlich zum Herrchen und bekam überraschend zwei ganz tolle Leckerlis. Gerade wollte er sich beklagen, dass es nur zwei waren, da hörte er schon: „Halt“ und schüttelte sich – und genoss noch den Nachgeschmack. So geschah es dann noch häufig an dem Tag, das Halt und Schütteln. Doch bald wurde aus einem missmutigen Hund ein gut gelaunter. Und wenn Sie einmal einen Hund sehen, der sich kraftvoll schüttelt ...
(Stress, Konditionierung, Umdeutung)

Scheiß-Hund

Es war einmal eine nette Familie mit zwei Kindern. Eines Tages kamen die Kinder auf die Idee, einen Hund anzuschaffen. Es gab zwar die üblichen Einwände von Vater und Mutter, die sofort an Pflege- und Ausführzeiten dachten, aber die Kinder versprachen, sich um alles zu kümmern.
Und so wurde ein Hund aus einem Tierheim aufgenommen. Am Anfang klappte es gut mit der Versorgung und dem Gassi gehen, was die Kinder abwechselnd organisierten. Der Hund wurde bald zum gewohnten Familienmitglied.
Aber mehr und mehr verging den Kindern die Lust am Hund. Sie schienen zu glauben, dass er für sich selbst

sorgen könnte: Am besten sollte er sich das Futter selbst aus der Küche holen, Wasser könnte er ja leicht selbst finden, und Gassi gehen könnte er ja auch alleine.

Und so geschah das, was die Eltern befürchtet hatten. Für die Verpflegung sorgte mehr und mehr die Mutter und Gassi gehen war bald Vaters Sache.

Lustlos ging der Vater jeden Tag zweimal mit ihm durchs Dorf über eine Wiese, wo der Hund pinkeln und scheißen konnte. Dafür hatte der Vater ein kleines Säckchen dabei, in das er die Hinterlassenschaft sammelte. Das war eine Scheißarbeit.

Mehr und mehr wurde er immer wütender. Schon beim Aufstehen wartete der Hund schwanzwedelnd und erinnerte ihn an seinen blöden Job und vermieste ihm so den ganzen Tag. In seinen kühnsten Träumen dachte der Vater daran, ihn zu vergiften oder ihn von einem Auto überfahren zu lassen – das passierte nicht, da er ein liebenswerter, herzlicher Mensch war.

Eines Tages geschah ein Wunder. Wie üblich verfolgte der Vater missmutig den Hund und sah ihm zufällig beim Scheißen zu. Am Anfang war der Hund leicht verspannt, aber nachdem er sein Geschäft verrichtet hatte, war ein extrem glücklicher und zufriedener Gesichtsausdruck zu sehen. Es war eine wahre Freude, dies zu erleben. Es steckte ihn an und er war sogleich in einem ähnlich entspannten Zustand. Er freute sich sogar auf die zweite Scheißerei, die meist am Ende des Spaziergangs folgte. Und wie erhofft, geschah es. An seinem Lieblingsplatz angekommen, schiss der Hund. Da es Hunde nicht mögen, wenn man sie direkt beim Scheißen beobachtet,

schaute der Vater nur von der Seite heimlich zu. Genau, wie zuvor wurde er wieder von dem Glück des Hundes angesteckt. Freudig trat er seinen Heimweg an. Dort wunderte sich seine Familie über die gute Laune des Vaters und sie genossen zusammen das Abendessen.
Von da an gab es nur noch glückliche Tage im Leben unseres Hundefreundes.
(Sichtweise, Tieren, Spaß)

Der Hund, der gerne an Haustüren schnüffelte

Es war einmal ein Hund, der hatte ein anstrengendes Leben. Ständig Ärger mit den Kindern und mit seiner Frau. Langwierige Diskussionen, Rechtfertigungen, Begründung aller Anordnungen, Angriff auf seine Marotten und ständig nur reden, reden, reden!
Aber am Abend war seine Zeit – dann ging er seinem Hobby nach. Er durchstreifte die Straßen der Stadt und schnüffelte an den Wohnungstüren. Am Anfang war es nur ein zufälliges Verhalten, da ja ein Hund automatisch Spuren verfolgt. Aber später gewann er immer mehr Sensibilität. Am liebsten waren ihm Einfamilienhäuser oder Reihenhäuser. Größere Wohnblocks oder Hochhäuser waren schwierig, da er nur hineinkam, wenn die Tür auf war. Außerdem roch er ein Mischmasch von Gerüchen, so dass er nichts mehr identifizieren konnte.
Und so schlich er lieber in die Straßen mit Einfamilienhäusern. Das war herrlich. Es gab große Unterschiede. Nach kurzer Zeit konnte er sicher sagen, welche Men-

schen im Haus lebten, welche Interessen hatten und was sie gerne aßen. Der Geruch ging direkt in sein Stammhirn und löste Bilder und Gefühle aus. Das war eine wahre Erholung – im Körper zu sein und sich überraschen zu lassen. Bei besonders guten Gerüchen setzte er sich hin und genoss den Augenblick. Er ging keinen Schritt weiter, sondern lebte in der Traumlandschaft des Geruchs.

Oft fühlte er sich in kurzer Zeit zugehörig zu den Familien, fühlte sich schon fast wie ein Familienmitglied und hatte Verständnis für sie. Manchmal roch es nach Konflikten und Dauerstress, was ihm leidtat. Am Anfang identifizierte er sich mit diesen Konflikten und wollte helfen. Er kam auf die Idee, für ein paar Tage als Haushund oder Streichelhund für Entspannung zu sorgen. Aber je älter er wurde, desto klüger wurde er. Es war nicht seine Familie und er war kein Psychologe. Zudem hatte er keine Chance, was zu ändern. Und er hatte ein Recht auf Ruhe und Harmonie.

Er war stolz auf diese Einsicht und mied daher solche Familien und konzentrierte sich als Feinschmecker auf die Filetstücke. So besuchte er abends zuerst einige neue Häuser und zum Schluss seine Lieblinge.

Nach und nach gelang es ihm immer mehr, nur noch auf Stammhirnebene zu leben. Der Geruch zog sein Bewusstsein direkt in die Wirbelsäule. In Gedanken konnte er mit seinen Pfoten auf den Wirbelsäulenfortsätzen musizieren, da jeder Wirbel einen unterschiedlichen Klang gab. Schließlich legte er sich in die Wirbelsäule und ließ sich von der Gehirnflüssigkeit

tragen – ein unendliches Meer der reinen Freude. Er war mit allem eins, es gab nichts mehr, er war in der tiefsten Tiefe seines Seins.
Gedanken und Sehnsüchte anderer Gehirnteile wurden vollkommen uninteressant.
Er hatte ein schönes Leben.
So ging er abends immer um die glücklichen Häuser. Er hatte eine riesige Auswahl, die er lebenslang genießen konnte – und alles war so einfach.
(Kontakt, Geruch, Gefühl, Gemeinschaft)

Der alte Kranich

Es war einmal ein alter, weiser Kranich, der über den Wolken seine Runden drehte. Einmal im Jahr flog er zu einem kleinen Dorf, wo er auf dem Marktplatz für interessierte Leute erbauliche und inspirierende Vorträge hielt.
Auch dieses Jahr machte er sich wieder bereit, dorthin zu fliegen. Er genoss die Thermik der Wolken, vergnügte sich so im puren Sein und spürte plötzlich, dass es nichts mehr zu sagen gab. Und daher wollte er diesmal keine langatmigen Vorträge mehr halten.
So flog er zu seinem Treffen mit den Dorfbewohnern.
Alle warteten gespannt auf die Wissensvermittlung.
Er setzte sich auf das Podium und sagte Folgendes: „Ich halte schon seit vielen Jahren Vorträge und freue mich, dass ihr immer so gespannt zuhört. Ich habe erkannt, dass es Unsinn ist, was ich hier mache", und er lachte lauthals. „Ich habe festgestellt, dass ihr alles schon wisst,

dass ich euch nichts Neues mehr erzählen kann. Das war ein netter Zeitvertreib, ging aber am Wesentlichen vorbei. Ihr müsst, nein, ihr müsst gar nichts – vergesst alles, wenn ich von müssen spreche, liebe Freunde. Ich habe in den letzten Wochen, als ich wieder in den Lüften war und Überblick über die Welt hatte, über das nachgedacht, was ich alles im Leben erfahren habe. So weiß ich jetzt, dass man nur den Kontakt mit seinem Herzen aufbauen muss. Der Rest geschieht von alleine, gesegnet in Verbindung mit seiner eigenen, wahren Natur. Diese Energie, in Verbindung mit der Liebe und dem gesunden Menschenverstand, kann alles angemessen lösen. Die einzig wirkliche Herausforderung ist, diese Verbindung zum Herzen zu finden und möglichst für immer zu bewahren. Mit Hilfe von Liebe und Aufmerksamkeit öffnet sich dann Raum für neue Ideen und gute Taten."

Er streckte sich, breitete seine Flügel aus und erfüllte den Raum mit dieser liebevollen Energie.

(Weisheit, Ruhe, Gelassenheit)

Tod

„Man hat mich hierher geschickt"

Es war einmal ein Mann, der stand eines Morgens vor der Himmelstür. Und er wartete. Da nichts passierte, fing er an, leise zu klopfen. Wieder nichts. So machte er einen kleinen Spaziergang und klopfte wieder. Da die

Angst, nicht in den Himmel zu kommen, sehr groß war, fing er an, lauter zu klopfen.
Endlich machte Petrus auf – in Freizeitkleidung. Mürrisch fragte er, was er denn hier wolle.
„Man hat mich hierhergeschickt“, antwortete der Mann.

Da wurde Petrus leicht ungehalten: „Was ‚Man-hat-Dich-hier-her-geschickt’, du Dummkopf. Niemand hat Dich hergeschickt. Du bist zu früh, wir wollen Dich gar nicht. Du hast Dich einfach selbst hergeschickt! Du hast einige Jährchen vor dir. Unterstehst Dich, hierher zu kommen!“
„Ja, was soll ich denn jetzt machen?“
„Du sollst leben, so wie andere auch. Du mit deinem geschäftigen Treiben, immer leben im Außen! Du meist, du wärest schon dran? Weit gefehlt! “
„Wie geht denn leben? Was ist das richtige Leben?“
„Schau nach innen. Geh in die Stille und sei ruhig. Gib die überhöhten Anforderungen auf. Du warst zu geschäftig und zu abgelenkt. Suche nach Deinem Sinn des Lebens und wenn Du die Antwort gefunden hast, lebe ihn einfach! Und ärgere mich nicht. Wir haben heute Ruhetag. Bring nicht unsere Organisation durcheinander. “
„Soll ich wieder runtergehen?“
„Ja, natürlich. Wir entscheiden, wann du hierher kommst! Und sag nie wieder, man hätte Dich hierhergeschickt.“
Petrus schloss grimmig die Tür und murmelte: „Man-hat-mich-hierher-geschickt! Der will wohl meine Arbeit

machen. Da muss er aber früher aufstehen. So ein Dummkopf."

(Burnout, Schicksal)

Bleiben oder Aufzug fahren

Viele Menschen fragen sich, auf welche Weise man in den Himmel kommt.

Die Antwort ist einfach. An vielen Stellen gibt es spezielle Einpersonen-Aufzüge für die Himmelfahrt. Dafür muss man in einen Spezialanzug steigen, wie wir ihn alle von der Raumfahrt her kennen. Freundliche Betreuer stehen überall unterstützend zur Seite. Es ist sehr wichtig, starr und gestreckt zu sein, da sonst der Anzug in sich zusammenfällt und die Fahrt in den Himmel nicht funktioniert. So kommt man relativ bequem und unkompliziert in den Himmel.

Genauso einfach ist es, noch ein Weilchen hier auf der Erde zu verweilen. Man muss sich so verhalten, dass der Anzug nicht funktioniert. Daher ist jede Art von Starrheit und Festigkeit unbedingt zu vermeiden. Am besten ist man lebendig – man läuft viel umher, macht verrückte Sachen und spricht mit Händen und Füßen. Auch Tanzen und Herumspringen wie ein Rumpelstilzchen verhindern jede Art von Himmelfahrt. Und so kann man seine Zeit auf der Erde lange genießen.

(Alternative, Bewegung, Spaß, Tod)

Mit dem Kopf durch die Wand

Es war einmal eine Frau, die wusste, was sie wollte und

zudem war sie sehr energievoll. Hindernisse waren für sie kein Problem. Da musste man einfach durch – meist mit dem Kopf voraus. Leider war das nur bei eingebildeten oder weichen Hindernissen angenehm. Bei anderen Hindernissen, wie zum Beispiel einer Wand aus Stahlbeton, war das immer schmerzhaft. Normalerweise nahm die Frau viel Anlauf und warf sich mit dem Kopf voraus gegen die Wand. Autsch. Das tat ziemlich weh und danach lag sie dann einige Zeit kraftlos am Boden. Das war ihr aber egal – Hindernisse waren zum Durchbrechen da!

Eines Tages optimierte sie ihre Methode. Als sie wieder einmal auf ein hartes Hindernis zuflog, streckte sie reflexartig ihre Arme nach vorne aus und so konnte sie den Aufprall abfedern. Das war super. Es tat der Kopf nicht mehr so weh und sie konnte in kurzer Zeit mit der neuen Methode mehr Hindernisse durchbrechen. Bei einer harten Wand war diese Methode nach einer Weile immer zermürbend – sowohl für die Wand als auch für sie.

Nachdem die Frau weiterhin viel an sich gearbeitet und manche Gespräche mit Freunden geführt hatte, kam sie schließlich auf eine fantastische Idee: Hindernisse kann man auch überfliegen. Wenn sie kurz vor der Mauer ihre Arme ein bisschen höher hob und ihre Hände und Finger mehr nach oben streckte, konnte sie auf dem Luftstrom – wie ein Flugzeug – über die Mauer hinwegfliegen. Das war toll. Nun gab es kein Zurück mehr – sie konnte alles überfliegen. Komischerweise verschwanden ab diesem Tag die Hindernisse mehr und mehr aus

ihrem Leben, denn aus der erhöhten Flugposition erkannte sie, dass es nur Attrappen waren.
Eines Tages nahm sie so einen großen Anlauf und hob die Hände und Finger so hoch, dass sie Richtung Himmel flog. Sie flog einfach davon, denn sie hatte die wichtigste Erfahrung in ihrem Leben gemacht.
Und wenn wir hin und wieder um uns herum einen leichten Luftzug wahrnehmen, der mit einem leisen Gemurmel von Mantren verbunden ist, dann ist es vielleicht diese Frau. Sie will uns daran erinnern, dass es keine Hindernisse im Leben gibt. Und wenn doch, kann man ja darüber hinweg fliegen. Und dafür sind wir ihr sehr dankbar.
(Abschied, Würdigung, Umgang mit Widerstand)

Wie Seelen aufgefangen werden?

Viele Menschen fragen sich, wie es möglich ist, dass unsere Seelen die Welt verlassen und irgendwo im Universum oder in Energiefeldern zur Ruhe kommen.
Manche meinen, dass die Seele auf Lichtgeschwindigkeit beschleunigen wird und sich dann in den Kosmos verdrückt. Andere meinen, dass es einen Himmel gibt, in dem für jede Seele ein Plätzchen vorbereitet ist. Neueste wissenschaftliche Forschungen haben Folgendes ergeben:
Um unseren Planeten Erde kreist in einer bestimmtem Höhe, wie in einem Rondell, ein langer, langer Ring, an dem Schöpfkellen angebracht sind. Es gibt sie in allen Formen und Größen – für jede Seele ist die Passende

dabei. Wenn eine Seele einen Körper verlässt, fängt eine dieser Schöpfkellen die Seele auf und transportiert sie an eine Art Sammelstelle, von der sie dann weitergebracht wird. (Freude, Vision)

Die haltende Hand

Es war einmal ein Mann, der hatte ein hartes Leben. Alles bestand aus Arbeit und Pflicht und er fühlte sich wie ein großes, altes, ausgeleiertes Mühlrad an einem Bach ohne Wasser.

Trotzdem er immer sein Bestes tat, wurden die Tage immer schwerer und mühseliger und seine Hände zeigten viele Schwielen. Alles war sinnlos, grenzenlos sinnlos, ohne jegliche Hoffnung. So traf er – nach langem, tiefem Nachdenken – den schweren Entschluss zu sterben. Er wählte zum Sterben sein Bett – es sollte sein Sarg werden. Er legte sich hin und spürte sofort ein gutes Gefühl. Es war die richtige Entscheidung gewesen.

Der nahe Tod gab ihm Kraft und er streckte sich aus und wurde so groß wie ein König. Endlich konnte er aufatmen. Er wollte dieses schöne Gefühl ein bisschen genießen und dann langsam sterben. Mehr und mehr innere Ruhe stellte sich ein. Er blickte nochmals stolz auf sein Leben zurück, das mit dieser königlichen Haltung gar nicht mehr so schlimm war. Und so schloss er Frieden mit seinem inneren Hader. Es war in Ordnung, wie es war. In dieser Klarheit zu sterben tat gut, es war ein würdiger Abschluss seines Lebens. Er atmete noch ein paar tiefe Atemzüge und wartete in ruhiger Stimmung auf den Tod.

Nach einer langen Weile passierte etwas Seltsames. Er

verlor seine gerade Form und knickte leicht an der Hüfte ein und versank in seinem Sarg. Irgendetwas zog ihn leicht nach unten.
Es kam ihm vor, als würde er in einer schönen, gläsernen Obstschale liegen. Als er es wagte, nach links, rechts und nach vorne zu schauen, erkannte er verwundert, dass er mitten in einer großen Hand lag. Er passte genau in diese warme, schützende Hand. Es war kuschelig und er schmiegte sich voller Vergnügen hinein. Er wurde getragen und war nicht mehr, wie bisher, außerhalb der Welt. Ein Gefühl, das er aus seiner Kindheit kannte, aber nie wieder in dieser Großartigkeit und Fülle verspürt hatte! Irgendjemand hatte seine Hand ausgebreitet und ihm aus dem Sarg gerettet. Es war ihm egal, woher die Hand kam – mag sie Gott, Buddha, Allah oder irgendeine Energieform sein, - es war einfach schön und befriedigend.
Er spürte, wie sich seine Schultern entspannten, sein Gesicht weich wurde und er zu lächeln begann. All seine Sorgen verschwanden in dieser Hand und er spürte warme, süße Tränen aus seinen Augen fließen. Er erlebte einen Hauch von Ewigkeit – einfach sein, einfach daliegen und dieses Aufgefangensein spüren. Er war eins mit der Welt und die Welt war eins mit ihm.
Nach langer, langer Zeit spürte er, dass er genug Kraft gesammelt hatte, seine Reise weiter fortzusetzen. Er genoss noch einmal innig diese Aufgefangen- und Beschütztwerden-Energie, um diesem Gefühl weiterhin nahe zu sein.
Langsam schwebte er aus der Hand, stand auf und spürte

wieder die Zugehörigkeit zur Welt. Alles war anders. Der Raum sah schöner aus. Wo er bisher Unkraut sah, waren plötzlich Blumen. Wo früher Schwarzweiß überwog, waren Farben. Und so begann er wieder zu leben und zu arbeiten. Vielleicht mit ein bisschen weniger Mühsal, denn das Mühlrad lief wieder rund und wurde vom Wasser automatisch angetrieben. Und wenn er abends im Bett lag, ließ der Mann sich fallen und genoss die haltende Hand.
(Sicherheit, Selbstfindung, Schicksal)

Oma im Koma

Es war einmal eine Frau, die fiel eines Tages – wusch – in ein Koma. Sie war nicht mehr in der Welt, sondern fühlte sich wie ein neugeborener, klitzekleiner Rochen im Meer.
Anfangs ein wenig hilflos vom Wasser hin- und her gezogen, schwamm sie so vor sich hin.
Sie wurde mal nach links, nach rechts, nach oben oder unten gezogen.
Im Laufe der Zeit kam sie mit dem Wasser besser zurecht und konnte sogar die Schwimmrichtung steuern. So freundete sie sich langsam an die neue Welt im Wasser an und gewann eine Menge Selbstvertrauen.
Manchmal spürte sie irgendjemand in ihrer Nähe und genoss die Wärme einer Umarmung. Jeder Moment der Liebe und Freude machte sie größer. Und so wurde sie zu einem erwachsenen Rochen, mit einer Spitze am Schwanz, mit der sie sich notfalls wehren konnte. Das

hatte sie früher gerne getan, denn sie war eine angriffslustige Frau gewesen.
Sie wurde immer größer und schwebte majestätisch durch ihre neue Welt. Sie hatte viele Freude im Meer und manche kleine Fischchen konnten sich bei ihr verstecken. Je mehr Nähe und Liebe, desto besser.
Sie strömte von Strömung zu Strömung. Sie war noch nie so glücklich in ihrem Leben gewesen.
Besonders spielende Kinder gaben ihr wieder einen Wachstumsschub. Sie wurde größer und verließ mit ihren Schwingen das Meer und wurde zu einem adlerähnlichen Vogel und freute sich auf das neue Abenteuer in einem neuen Universum.
(Freude, Relativität)

Weg nach oben

Es war einmal eine Frau, die wollte ganz nach oben. Sie suchte nach dem richtigen Weg und entdeckte nach langer Suche einen Lichtstrahl, der zum Himmel gerichtet war. Sie sprang wie eine Katze auf den Strahl und robbte sich nach oben. Das war ziemlich anstrengend und nach kurzer Zeit fiel sie wieder herunter auf die Erde. Beim nächsten Versuch war sie klüger. Sie sprang wieder auf den Strahl und stellte sich vor, dass der Weg auf einer Ebene und daher mühelos wäre. Nun kam sie schon weiter, aber bald ging es wieder abwärts. Viele Male versuchte sie es, nutze all ihre Intelligenz und Erfahrung, aber es gelang ihr nicht, ganz nach oben zu kommen. Schließlich gab sie auf.

In diesem Gefühl sprang sie zum letzten Mal auf ihrem Lichtstrahl zum Himmel, aber dieses Mal bewegte sie sich nicht auf dem Licht, sondern verschmolz mit ihm. Wie in einer Röhre wurde sie vom Licht automatisch nach oben bewegt und kam dort entspannt und gut gelaunt an.
(Abschied, Erfüllung, Durchhaltevermögen)

Mein Abschied

Der Himmel ist blau, aber in mir ist alles schwarz.
Ganz hinten ist eine kleine Regenwolke, aber ich sehe nur sie und den kommenden Sturm.
Ich sehe eine Linie, aber es ist wahrscheinlich eine Kurve – mit Unterbrechungen.
Nichts ist mehr so, wie es scheint.
Ich möchte fliegen, aber bin in einer grauen Masse gefangen.
Der Prozess des Lebens endet mit dem Tod.
Ein Kreis ist nicht mehr Kreis und eine Pyramide nicht mehr Pyramide.
Alle Formen verschwinden.
Alte Geschichten bleiben alte Geschichten und neue wird es nicht mehr geben.
Man sollte sich um die Lebenden kümmern und nicht um die Toten.
Alles geschieht in einer zähen Masse, die noch fester wird, wenn man sich bewegt.
Kein Entrinnen.
Es gilt, den Tod zu akzeptieren und sich neu aufzustel-

len.
Der Tod ist das Ende der eigenen Zeit. Wir wissen es und sind verwundert, wenn es passiert.
Die zähe Masse hält mich fest und fängt mich gleichzeitig auf.
Das Fliehen gelingt nicht und so hänge ich fest in der Luft und kann meinen Blick gleiten lassen, von rechts nach links und von links nach rechts.
Einfach die Augen von links nach rechts und zurück.
Die Masse hält mich fest und ich kann nichts tun, muss auch nichts tun.
Ich bin da und schaue.
Ich schaue in die Weite und schaue durch alles hindurch.
Ich schaue zum Ende und ein bisschen weiter.
Ich will nicht mehr da sein, aber die zähe Masse hält mich fest.
Ich bin aus dem alten Kokon vertrieben und hänge fest – kann kaum noch atmen.
Ich bin gefangen in meiner Masse, die mich gleichzeitig beschützt. Keiner kann an mich ran.
Eine seltsame Art von Sicherheit.
Der Tod des anderen zeigt mir meine Zukunft. Gibt es etwas zu sagen oder hat irgendwas noch einen Wert?
Alles vergilbt vor dem großen Ereignis.
Ist die Seele eingeschaltet, auf Pause oder einfach aus?
Gibt es irgendeinen Befehl, der sich lohnt, zu befolgen?
Vielleicht der Körper?
Ich geh in ihn hinein und fülle ihn aus – von den Haarspitzen bis zum keinen Zeh.

Es sich gemütlich machen im eigenen Körper, in alle Ecken hineinschwimmen.
Staunen, schmecken, bleiben.
Den Versuch des Wartens aufgeben und einfach alles sein lassen.
Die Zeit ausschalten, nur Gegenwart, jeder Schritt in eine andere Richtung wird unterbunden.
Dauerhaftes Leben im Moment, kurz vor der neuen Zeit, die sich entfalten will.
Alte Gewohnheit beenden.

Antwort auf den Abschiedstext

Erwartet nicht eine Geschichte über den Tod, denn ich lebe noch.
Ich bin oben und habe endlich die Freiheit, die ich mir so ersehnte.
Hier kann ich herumspringen oder sogar hinfliegen, wohin ich will.
Am liebsten sitze ich auf meinem Flugbesen und wirble überall herum.
Ich kann hoch und niedrig, langsam, aber auch schnell fliegen.
Ich kann um mich herum kreisen oder sogar den Besen alleine fliegen lassen.
Endlich habe ich auch ein Buffet mit all dem Essen, das ich liebe.
Ich fliege einfach vorbei und hole mir, was mir gefällt.
Es ist schön, nicht mehr an die Figur oder die Gesundheit denken zu müssen.
Daher kann ich alles probieren und die große Vielfalt

wertschätzen.
Hin und wieder schaue ich bei euch vorbei und sehe, dass ihr alles sehr gut macht.
Und wenn ihr mal einen Windstoß spürt, war ich es vielleicht mit meinem Besen.
Verzeiht mir, dass ich abgetreten bin in eine andere Dimension.
Es ist mir da unten einfach zu eng geworden.
(Mitgefühl, Sichtweise)

Das Geheimnis der Tränen

Es gibt immer wieder Situationen im Leben, in denen man zu Tränen gerührt wird. Sie laufen aus den Augen und rollen über das Gesicht, fallen auf den Boden oder werden von einem Taschentuch aufgefangen und sind dann verschwunden.
Aber das ist eine Fehlannahme. Nur wenige wissen, dass alle Tränen in einer Wunderschale aufgefangen werden. Sie werden gesammelt und kommen den Menschen, über die man weint, zu Gute. Die Schale wandert zu ihnen und benetzt Ihr Gesicht und gibt ihnen dadurch Feuchtigkeit, Liebe, Dankbarkeit und alle guten Gefühle, die mit den Tränen verbunden sind.
Ein übermäßiges Dauerweinen ist nicht sinnvoll, denn dann läuft die Schale über.
(Trauer, Verlust)

Verwandlung

Das Finden des Glücks

Es war einmal ein Mann, der war auf der Suche nach dem Glück. Zufälligerweise gab es zu seiner Zeit eine Unmenge Bücher, Videos und Angebote zu diesem Thema.
Er verschlang gierig all die Informationen, aber die Tipps brachten ihm komischerweise nur kurze Zeit weiter. Bald erschöpften ihn seine erfolglosen Anstrengungen immer mehr und er gab verzweifelt auf. Anscheinend musste er sich damit begnügen, ein durchschnittliches, Leben zu führen. Das tat weh.
Eines Tages lag er beim Baden am See auf seiner Decke und haderte wie üblich mit seinem großen Ziel. Da flog eine Mücke in sein rechtes Auge und er schloss automatisch beide Augen. Für kurze Zeit war er blind. Ein blödes Gefühl. Alles war dunkel und er hatte Angst, dass das kleine Insekt sein Auge verletzt hatte. Daher versuchte er, beide Augen zu öffnen, was ihm nicht gelang. Aber vielleicht gelang es, mit dem linken Auge zu sehen. Und er öffnete dieses Auge und sah die halbe Welt. Wie schön sie war im Gegensatz zur Dunkelheit. Er schüttelte sacht seinen Kopf und bewegte vorsichtig die Wimpern des anderen Auges. Nach kurzer Zeit konnte er es öffnen, denn die Irritation war vorbei. Und nun sah er die andere halbe Welt. Spaßeshalber schloss er das linke und öffnete das rechte und umgekehrt. Wie zwei Schein-

werfer konnte er mal die linke, mal die rechte Seite sehen. Und nach einer Weile machte er wieder beide Augen auf. Wie schön die Welt war, der blaue Himmel und jedes Detail der Natur! Er verfiel dem kostbaren Moment. Endlich fühlte er das langersehnte Glück und lachte und lachte und lachte.
Hin und wieder machte er das kleine Auf- und Zu-Wechselspiel mit seinen Augen, was ihn an sein Glück erinnerte.
(Sichtweise, Zufall, Glück)

Ich in allem

Es war einmal ein Mann, der wollte in Verbindung sein mit allem. Er suchte viele Jahre nach Möglichkeiten, aber es gelang ihm nicht so recht.
Eines Tages geschah das Wunder. Er löste sich in unendlich viele Atome auf und verteilte sich an alles. Er war in einem Augenblick verschwunden. An Blättern hingen ein paar Hautatome, Haaratome an Tieren, seine Fußatome hatten Verbindung zum Boden und ein paar Augenatome legten sich auf die Augen von Vögeln – so hatte er immer den Überblick. Und ab und zu nahm der Klang des Windes seine Stimme an.
(Liebe, Einssein)

Der Strauch in der Wüste

Es war einmal ein klitzekleiner Strauch in einer wüstenähnlichen Gegend. Er war zwar klein, aber oho. Denn er war erfinderisch im Suchen und Finden von Wasser. Da er fest an einem Platz verwurzelt war, musste er sich ziemlich anstrengen, doch im Laufe der Zeit konnte er Wasser förmlich riechen. Er streckte seine Wurzeln so weit aus, wie es nur überhaupt ging, und fand dann immer ein bisschen. Und so wuchs er im Laufe der Zeit. Zuerst ein fester Stamm und dann entwickelten sich aus ihm drei Zweige, die sich wie Arme Richtung Himmel reckten. Das war übrigens sein wichtigstes Ziel außer Wasser. Er wollte irgendwann den Himmel erreichen, denn das Licht und die Farben faszinierten ihn so sehr.

Leider hatte er Pech. Aufgrund des Klimawandels regnete es immer weniger in seiner Gegend und er wurde immer dürrer und dürrer. Strecken, Dehnen, Weiten half nicht, denn es gab überhaupt kein Wasser mehr. Und so wurden er und seine Zweige grau und dürr und – machen wir es kurz: Irgendwann brach sein Stamm und er lag wie Abfall auf dem Wüstensand. Das ist das Ende der Geschichte und der Erzähler war traurig und wollte eigentlich aufhören.

Er blickte zu dem armen Strauch und sah, wie plötzlich der Wind ihn aufnahm. Er war so leicht geworden, dass ihn ein wenig Wind und die heiße Luft sofort nach oben wehten. Seine Zweige waren zufälligerweise so gewachsen, dass er wie ein Blatt getragen wurde. Es ging höher und höher Richtung Himmel. Und so erreichte er auf ungewöhnliche Weise doch sein Ziel. Und vielleicht wird er gerade jetzt in den oberen Windschichten um die Welt getragen und kommt dann ganz schön rum. (Veränderung, Tod, Lösung)

Sauberkeit

Es war einmal eine Frau, die liebte die Sauberkeit. Da sie gerne in ihrer Küche arbeitete, war ihr dieser Raum besonders wichtig. Die Arbeitsplatte musste immer picobello sein – dann machte das Kochen richtig Spaß.
Eines Tages war es wieder so weit. Sie wollte mit dem Kochen anfangen, aber die ganze Küchenecke bestand nur aus Dreck, Schmutz und voller Krümel. Voller Abscheu sah sie zu Boden. Da war es sogar noch schlimmer. Sie war so wütend, dass sie das Gefühl hatte, zu rotieren.
Plötzlich wurde ihr Gedanke Wirklichkeit. Wie eine Marionette drehte sie sich um ihre Achse und berührte mit dem Kopf den Boden, die Füße gingen Richtung Decke. Das war zwar ein wenig anstrengend und sonderbar, aber so konnte sie in die Ritzen am Boden schauen. Nun stieß sie im wörtlichsten Sinne mit ihrer Nase auf all das Schreckliche. Es war ein Wunder, dass noch keine Mäuse in der Küche waren. Die hätten eine wahre Freude, denn überall gab es kleine Essenskrümel. Der Frau wurde ganz schlecht und sie verlor das Gleichgewicht und kippte ein wenig weiter im Uhrzeigersinn nach unten. Dort sah sie nur eine Leiste, die in Ordnung war. Bei der nächsten Bewegung war sie schon im 90-Grad-Winkel weiter zu einer Tür gekommen, die von

der Sonne beschienen wurde. Und weiter ging es über die Tür nach oben. Dort war immer alles voller Chaos. Die Frau wurde wütend und kippte nach rechts um, zu einer anderen Bodenleiste, die auch sauber erschien. Plötzlich erhöhte sich die Geschwindigkeit ihrer Umdrehung. Sie wurde so schnell, dass sie den Schmutz nicht mehr wahrnehmen konnte. Schließlich wurde sie langsamer und stand wieder, wie am Anfang da. Der Boden war sauber, denn durch ihr Rotieren war all der Schmutz aus dem Fenster nach draußen geweht worden. Und so genoss sie ihre saubere Küche und dachte daran, dass es sich lohnt, ein wenig zu rotieren.
(Sturheit, klare Ziele)

All-es

Viele Menschen glauben, dass der Himmel die oberste Begrenzung darstellt. Wenige wissen, dass über dem Himmel ein unendlicher Raum beginnt. Und irgendwo in diesem Raum gibt es ein weißes Haus mit einer großen Tür.
Und hinter dieser Tür gibt es wieder einen Raum mit einem weißen Haus und einer großen Tür. Und dahinter wieder und wieder. Und irgendwann kommt eine große Tür, über der das Wort ALLES steht. Und hinter dieser Tür befindet sich ein unendlich großer Saal. Und wenn man diese Tür öffnet, hört man schöne Musik. Und wenn man genau hinsieht, sieht man die Buchstaben aller Länder und Figuren aller Formen mit ihnen tanzen: eine Kugel mit einem Würfel und eine Pyramide mit

einer Raute, ein indischer Buchstabe mit einem chinesischen, eine Hieroglyphe mit einem lateinischen et cetera. Alle wechseln immer wieder den Partner und so tanzen alle mit allen in allem.
(Gemeinschaft, Ursprung, Einssein)

Der Wunderstuhl

Es war einmal ein Mann, der saß gerne in seinem Sessel. Eigentlich war es kein Sessel, sondern ein Thron aus Marmor. Da saß er dann (wie ein König) und betrachtete die Welt. Das wirre Treiben der Menschen faszinierte ihn. Er genoss die Stabilität des Steins und fühlte sich so richtig wohl.
Eines Tages passierte etwas Außergewöhnliches. Der Marmor wurde weich und durchlässig und der Mann spürte, wie seine beiden Unterarme langsam in den Armlehnen versanken. Sein Oberkörper sackte in der Rückenlehne seines Thrones, seine Beine in die Sitzfläche. Und so war er einfach weg – verschwunden in seinem Lieblingsthron. Wow. Das war ja schon etwas seltsam. Da er aber ein Mensch der Ruhe war, fing er einfach an, seine Situation zu beobachten. Er konnte durch die Rücklehne in die Welt blicken. Er bemerkte, dass beide Augen gleichwertig und sehr fokussiert waren. Normalerweise war mal sein linkes oder sein rechtes Auge dominant. Das war eine spannende, neue Wahrnehmung. Auch kam reine Information zu seinem Gehirn, die nicht auf dem Weg bewertet war. Er nahm die Außenwelt so wahr, wie sie war.

Das Hören war auch neu. Zwar konnte er hören, aber er hörte nur die Stille im Stein. Keine Selbstgespräche und Gemurmel. Sein Fühlen war verändert. Es war vollkommen ruhig, denn im Stein konnte man sich nicht bewegen oder rumzappeln. Es war seltsamerweise angenehm, die Unbeweglichkeit tat ihm gut. Es kam der Gedanke, dass das normale Leben ziemlich anstrengend war, ohne dass er es jemals bemerkt hatte. Schließlich die Raumwahrnehmung. Er spürte unzählige Teilchen im Stein, als könnte er die Atome wahrnehmen. Er hatte das Gefühl, in allem zu sein. Die Wahrnehmungsgrenze war die Kante des Marmors. Wenn er aber bedächtig die Augen hin und her bewegte, konnte er die Grenze verschieben und einen Teil der Außenwelt wahrnehmen. Das war nicht schlecht, aber im Moment nutzte er diese Gabe nicht. Und so saß er in seinem Marmorthron, erlebe die Essenz der Welt, genoss die innere Stille und war verbunden im Raum.

Es wurde Abend und er schlief ein.

Am nächsten Morgen war er immer noch mit dem Stein verbunden. Aber nach einer großen Weile merkte er, wie sein Körper langsam aus dem Stein heraustauchte und bald saß er wieder auf seinem Sessel. Er bedankte sich für den Ausflug und hin und wieder machte er in Gedanken seine kleine Reise und nahm viele kostbare Momente mit in sein Leben.

(Überblick, Ruhe, Offenheit)

Vielfalt

Entspannung ist Zeitverschwendung

Es war einmal eine Frau, die machte wenig Pausen. Sie hatte immer das Gefühl, sie würde etwas versäumen, besonders wenn sie sich mittags zum kurzen Powernapping hinlegen würde. Eines Tages legte sie sich ausnahmsweise auf ihr Sofa für ein kurzes Nickerchen. Da passierte es: Unter ihr tat sich die Erde auf und sie fiel in einer Art Röhre nach unten. Nach einem kurzem Fall landete sie mit ihrem Allerwertesten in einer dunklen Höhle.

„So sieht also loslassen und absacken aus", dachte sie verblüfft. Sie stand auf und schaute sich um.

Außer der Öffnung für die Röhre war der ganze Raum abgeschlossen. Er war sehr unordentlich und lauter Gerümpel lag herum. In einer Ecke fanden sich viele unterschiedliche Rahmen und viele in der Größe dazu passende Bilder. Da sie gerne Puzzles löste, begann sie Bilder in die Rahmen zu stecken. Als sie fertig war, bewunderte sie ihr Werk. Je mehr sie aber die Bilder in den Rahmen anschaute, desto mehr Zweifel kamen auf und sie begann Rahmen und Bilder auszutauschen bis sie zufrieden war.

Als sie sich umwenden wollte, um die anderen Teile des Raumes auszukundschaften, sah sie ein Bild, das auch in einen anderen Rahmen gut hineinpassen würde. Und so begann sie weiter, Rahmen und Bilder zu optimieren. Irgendwann wurde sie ärgerlich, denn irgendwie passten

alle Bilder in alle Rahmen und es gab keine perfekte Lösung. „Da passt ja alles! Alles passt!“. Voller Wut nahm sie einen Rahmen und knallte ihn an die Wand. „So ein Schmarrn!“. Es gab keine Lösung und zugleich alle Lösungen.
Da fing der Raum plötzlich an zu beben, und sie wurde wie in einer Waschmaschine hin und her geworfen. Ein heftiger Zug zog sie in die Röhre und warf sie oben wieder aufs Sofa. Da lag sie vollkommen durcheinander wieder da mit dem Mantra auf den Lippen „Alles passt!“ Sie ruhte sich noch ein wenig aus und genoss ihr weiteres Leben.
(Überforderung, Entspannung)

Die gerechte Schneefräse

Es war einmal ein Mann, für den der Winter hart war. Denn immer wenn es schneite, musste er mit seiner Schneefräse Wege um sein Grundstück freimachen. Das war eine schwierige und verantwortungsvolle Aufgabe. Früher hatte er dies mit einer Schaufel gemacht, aber mit den Jahren war ihm das zu mühsam geworden. So hatte er sich die wunderschöne, rote Schneefräse gekauft. Sie war vom Werk so eingestellt, dass sie den Schnee ganz weit nach oben und dann hinter sich warf. Und so fräste unser Freund den Schnee zwar erfolgreich vor sich weg, war aber insgesamt leider ziemlich erfolglos. Wenn er seine Runde ging, beförderte die Schneefräse den Schnee in kürzester Zeit hinter sich, jedoch am Ende der Runde lag der weggefräste Schnee wieder auf dem Weg. Das

war eine ziemliche ineffektive Arbeit und nach einer langen Weile kam der Mann auf die Idee, etwas zu ändern.
Und so probierte er die zweite Grundeinstellung der Fräse aus: Schnee nach vorne werfen. Das machte am Anfang sehr viel Spaß, aber schon nach kurzer Zeit lief die Fräse warm und er schaffte nicht einmal die Hälfte seiner Strecke, denn die Schneemassen vor ihm wurden immer höher und höher. Er musste wieder zur Schaufel greifen und die Schneeberge von Hand erledigen.
Der Winter war hart und es schneite fast täglich. Er versuchte die dritte Einstellung: Alles zur Seite werfen. Da hatte er ethische Bedenken. Er wollte und konnte seine Nachbarn nicht mit seinem Schnee belasten, er wollte ein gutes Verhältnis zu allen haben. Daher war auch diese Einstellung nicht möglich. Und so griff er wieder zur Schaufel und mühte sich redlich ab.
Eines Tages schlich er wieder wehmütig um seine schöne, rote Schneefräse – in der stillen Hoffnung, noch etwas Neues zu entdecken. Und seine Träume wurden wahr. Es gab noch einen kleinen, unscheinbaren Stift, den er rausziehen konnte. Dieser Stift fixierte die Einstellung der Auswurfrichtung der Fräse. Er warf die Maschine an und probierte es aus. Und siehe da, die Richtung war nun flexibel und die Maschine warf mit sichtbarer Freude den Schnee in kreisförmigen Bewegungen wie eine Spirale nach vorne, nach rechts, nach hinten, nach links, immer Richtung Himmel.
Und so fräste unser guter Freund mit Liebe und Freude täglich seinen Schnee und ebnete so seine Wege für sich

und seine Umgebung.
(Flexibilität, Einstellungen)

Warten als Event

Es gibt nichts Schöneres, als zu warten. Man sollte Wartefestivals einführen, denn beim Warten hat man alles, was man braucht. Gemeinschaftsgefühl, gleiche Ziele, Hineinsteigern und Ausmalen des endgültigen Weiterkommens sind alles hochbefriedigende Tätigkeiten. Unerfülltes Warten ist besonders reizvoll, da das freudige Sein noch viel mehr Zeit hat, sich zu entwickeln. Geht eine Tür auf oder ist es eine für immer verschlossene Tür? Das sind Fragen, die man sich genüsslich stellen kann.
Warten unter Zeitdruck dagegen ist unangenehm. Man sollte sich immer genug Zeit zum Warten nehmen. Zum Beispiel, täglich dreißig Minuten Warten als Meditation, um zur Ruhe zu kommen. Regelmäßiges Warten reinigt die Seele. Am besten sind Flughäfen, Bahnhöfe und Supermarktkassen am Abend. Einfach da sein und warten. Die schönste Zeit ist die Wartezeit. Jeder kennt die Freude, den retardierenden Moment, wenn die Ware keinen Barcode hat, beziehungsweise die Bananen nicht abgewogen sind. Herrlich, wieder ein Warteerlebnis – vom Schicksal gebracht!
Das globale Dorf im Supermarkt. Man trifft Menschen, die man sonst nie treffen würde. Daher bin ich für nur eine offene Kasse im Supermarkt – die GAF (Ganz außergewöhnliche Freude) für Wartefreunde. Endlich hat das

Pokern, welche Kasse wohl schneller sein wird, ein Ende. Klare Linie und Gerechtigkeit werden damit im Supermarkt garantiert. Keine Ablenkung vom Einkaufserlebnis. Hübsche Rollergirls könnten die Wartenden mit Tee und Kaffee versorgen. Auch ein Notarzt sollte immer schnell zur Verfügung stehen.
Oder Warten als Kult vor Diskotheken. Gerade meint man, man kommt rein, doch ein freundliches Lächeln verwandelt die Situation in ein Event der langen Wartezeit – der Tanz findet vor der Disco statt.
Warten, wenn der Computer abstürzt. Oder jeder kennt das Warten vor dem Aufzug – gewonnene Zeit nur für sich: Un-Ruhe finden beim Anschauen der Druckknöpfe und penetrantes Drücken auf den Anforderungsknopf. Manche versuchen sogar, diese Zeit mit Entspannungsübungen totzuschlagen. Nein, was für ein Unfug – damit wird ja der Wartemoment sinnvoll genützt.
Warten auf das Kind, das zum Mittagessen gerufen wird. Warten auf den Mann, dass er von der Arbeit nach Hause kommt, warten auf die Frau, die nur mal kurz einkaufen geht. Oder überhaupt: warten auf den richtigen Mann oder die richtige Frau.
Oder warten auf den Osterhasen oder den Weihnachtsmann.
Warten ist einfach überall möglich.
(Geduld, Entspannung, Sichtweise)

Mr. Spring-ins-Feld

Es war einmal ein sehr neugieriger Mensch. Der hatte sich, da er alles sehen und verstehen wollte, in seiner Jugendzeit Sprungfedern an seine Füße angebracht. So konnte er hoch und weit springen und alles von oben sehen. Das machte ihm einen Heidenspaß. Auch konnte er über andere Leute springen und sie ärgern, was ihm, ehrlich gesagt, noch mehr Spaß machte. Das Leben war herrlich, und er gewöhnte sich an das Springen und vergaß, dass es die Federn an seinen Füßen waren, die ihm dies ermöglichten.

Im Laufe der Zeit wurde er aber immer angespannter, müder und erschöpfter. Denn das war ganz nett anstrengend, tagein, tagaus mit aller Kraft durch die Gegend zu springen. Oft nahm er dann kleine, bunte Pillen oder ein wenig Feuerwasser, um sich zu beruhigen und die Kraft seiner Sprungfedern auszugleichen.

Eines Tages las er eine Geschichte von einem Mann mit Sprungfedern und musste über sie lachen. Wie konnte man so blöd sein, das nicht zu bemerken!

Vorsichtshalber schaute er auf seine Füße – und was musste er überraschend feststellen: Auch er hatte diese Federn, obwohl er schon etwas älter war und sie nicht mehr nötig hatte.

Er sah sie liebevoll an und erinnerte sich lange an die großen Vorteile, die er durch sie gehabt hatte. Aber nun war es Zeit, sich zu verabschieden und er entschloss sich, sich von ihnen zu trennen. Er nutzte sie nochmals sehr würdevoll und nahm sie am Abend feierlich ab. Das ging leicht und einfach. Er fand eine schöne Schatulle, in

der er sie aufbewahrte. Dort konnte er sie immer wieder betrachten und sogar wieder herausnehmen, falls er sie mal brauchen würde.
Ab dem Zeitpunkt führte er sein Leben, das normal auf und ab ging, mal nach unten, mal nach oben. Er spürte wieder die Erde, brauchte die kleinen, bunten Pillen nicht mehr, weniger Feuerwasser und genoss so sein Leben in seiner Fülle.
(Versöhnung, Abschied, Anpassung)

Fülle und Freude

Es war einmal eine Linie. Sie sah nur gerade aus und bewegte sich geradlinig durch die Welt. Berg rauf, Berg runter ein bisschen ins Tal, dann wieder rauf. So war ihr Leben. Sie fühlte sich ganz gut, denn das war ihr gewohntes Leben.
Eines Tages geschah etwas Wunderbares. Aus Jux und Tollerei schaute sie zum ersten Mal kurz auf die rechte Seite. Eigentlich hatte sie sich das verboten, um sich nicht abzulenken. Und was sah sie?
Unzählige andere Linien in unterschiedlichen Farben und Formen, die sich wie sie durch die Welt bewegten. Manche waren dicker, manche dünner. Manche waren bunt und grell, andere wunderschön pastellfarbig. Und auf der linken Seite war es genauso.
Immer wieder schaute sie auf die Seite und fühlte sich als ein klitzekleiner Teil der Welt. Und so bewegte sie sich ab sofort in einer Fülle von Freude und Glückseligkeit.

(Reichtum, Gemeinschaft)

Visionen

Das Meer, das ein See sein wollte

Es war einmal ein kleines Meer, das in einer Bucht lebte. Es war von allen Seiten umringt von Korallenriffen, Felsen und Sandstränden. Daher dachte es insgeheim, dass es ein See wäre. Denn die Ruhe und Gelassenheit eines Sees waren Tugenden, die es sehr schätzte. Denn als Meer war ständiger Wechsel angesagt. Die Wellen veränderten sich in Höhe und Stärke und der Sand wurde immer wieder aufgewühlt. Besonders ärgerte das Meer sich insgeheim über Ebbe und Flut, denn die veränderten regelmäßig sein Aussehen – und das war schwer zu ertragen.

Der Wunsch, ein See zu werden, war so groß, dass das Meer eines Nachts träumte, dass Felsen und Korallenbänke zusammenwuchsen und den Kontakt zum großen Meer unterbrachen. Das kleine Meer wurde zum See. Herrlich. Kein Auf und Ab mehr, einfach Ruhe, Stille – nichts. Endlich konnte es bei sich sein und seine wahre Natur genießen. Es wurde immer ruhiger und ruhiger, und bald kippte diese Ruhe in Langeweile um. Das kleine Meer hatte so große Sehnsucht nach dem Austausch, den das große Meer ihm gegeben hatte. Und so bat es seine Freunde – den Felsen und die Korallen, den alten Zustand wieder herzustellen.

In diesem Moment wachte es aus ihrem Traum auf. Überglücklich konnte es nun mit einer neuen Sichtweise

sein Meer-Sein genießen und freute sich über jede Welle, die sich auf seinem Sand ausbreitete.
(Sichtweise, Ruhe, Glück)

Sanft atmende Unendlichkeit

Es war einmal ein Lehrer, der schon als Kind Ordnung und Struktur mochte. Wenn ein paar Murmeln auf dem Boden lagen, sah er ein dahinterliegendes Netzwerk. Denkgebäude faszinierten ihn, und er genoss es zwischen ihnen hin und her zu wandern, zu schlendern zwischen Klarheit und Unvollständigkeit.
Später beschäftigte er sich mit Buddhismus und verliebte sich in Mandalas und er erkannte intuitiv ihre Botschaft.
Eines Tages kam er auf eine Idee. Warum nicht seine 6 Lieblingsmandalas auf einen Würfel projizieren. War das eine Freude: Er sprang in Gedanken auf jedes Bild und konnte auf dem Würfel herumgehen. Und wenn er ihn in der Luft schweben lies, hatte er Zugang zu allen. In seinem Übermut stellte sich sogar vor, dass die Mandalas auf dem bekannten Zauberwürfel (Rubik‘s Cube) abgebildet waren.
Schließlich wagte er etwas, was er sich noch nie erlaubte. Er begann vorsichtig, den Würfel zu verdrehen und die Mandalas zu vermischen. Das war strengstens verboten. Plötzlich war der Osten der neue Westen und das Zentrum des einen wurde zum Einstieg des anderen. Es war erfrischend und inspirierend, die feste Ordnung aufzulösen und den Raum zu erweitern. Gleichzeitig war es verwirrend und er glaubte schon, den Zorn der Man-

dalameister zu spüren. Aber nein, sie hatten auch ihre Freude. Sie fühlten den tiefen Respekt und Demut, den er ihnen entgegenbrachte. Und für eine gewisse Zeit eine neue Sichtweise einzunehmen, die wie ein leichter Windhauch über dem Würfel schwebte, war in Ordnung. Er erkannte Zusammenhänge, die er noch nie wahrgenommen hatte. Durch die Unordnung wurde die Ursprungsordnung klarer. Nach einer Weile schob er die Würfel wieder in die Anfangsstellung zurück und er hörte ein leichtes Aufatmen aller Teile. Der Ausflug in die Welt der anderen war schön, aber noch schöner war es, wieder so zu sein, wie es sich gehörte.
Und er machte weiter. Voller Wagemut ging er in Gedanken in die innere Struktur des Würfels. Er stieg hinein in die Innenwelt. Er sah die innere Mechanik und breitete seine Arme aus, um alles zu erfassen, zu verschmelzen mit der Form. In diesem Moment fingen sich die vielen kleinen Würfel an aufzulösen – es gab nur noch Moleküle und Atome und er war mitten drin.
All seine geliebte Ordnung und Klarheit zerfloss. Die Struktur löste sich auf, alles schwebte und er war ein Teil davon. Zum ersten Mal fühlte er die Weite des Raumes und hörte sanft atmende Unendlichkeit.
Da wachte er auf und spürte wieder die Materie. Er war wieder zuhause.
(Umdeutung, neue Erfahrung, Einssein)

Rollen statt fallen

Es war einmal ein Mann, der meinte, dass Loslassen und Fallenlassen zentrale Bedeutung für ein gutes Leben hätten. Und so träumte er, aus großer Höhe mit dem Fallschirm abzuspringen und das Fallen intensiv zu erleben. Dann wäre sein Glück perfekt.
Leider waren dies nur Träume und so bestand sein Fallenlassen hauptsächlich darin, über die eigenen Beine zu fallen oder, wenn er hin und wieder kurz hochsprang, drei bis fünf Zentimeter Fallhöhe zu erleben.
Eines Tages machte er eine neue Erfahrung. Er lief zu eilig – in Gedanken – eine Treppe hinunter und stolperte über die letzte Stufe. Er sah sich schon auf der Nase liegen, aber geistesgegenwärtig rollte er sich ab und schlug elegant zwei Purzelbäume. So wurde die Energie in Bewegung umgesetzt. Es war ihm zwar ein wenig peinlich, aber als er so auf dem Hosenboden saß, kam ihm eine neue Idee: Entwicklung geschieht nicht nur durch Fallenlassen in der Vertikalen, sondern auch durch Rollen in der Horizontalen. Und so rollte er mehr und mehr und vergaß mehr und mehr seine alten Überzeugungen.
(Entwicklung, Loslassen)

Flaumfeder im Wind

Es war einmal eine klitzekleine, weiße Flaumfeder. Seit vielen Jahren wurde sie vom Wind durch die Welt getragen. So schwebte sie den ganzen Tag lang durch die

Luft. Immer, wenn sie zu Boden sank, reichte ein leichter Windhauch und schon war sie wieder am Fliegen.
Aber irgendwann wurde das Schweben langweilig und sie sehnte sich nach ein wenig Rast. Es wäre so schön, auf den Boden zu sinken und dort ein wenig zu verweilen.
Eines Tages geschah das Wunder. Ein Tautropfen fiel genau in die Mitte ihres Flaumes und sie fiel wie ein Fallschirm langsam zu Boden. War das eine Freude, die Erde zu spüren und endlich Ruhe zu genießen!
Nach einiger Zeit hatte sie genug von der Erde und sehnte sich wieder nach dem Fliegen. Das war aber nicht so einfach, denn sie konnte den Tropfen nicht abschütteln. Erneut musste sie auf ein Wunder hoffen. Und schon bald geschah es: Ein Sonnenstrahl erwärmte ihren Flaum und sie wurde wieder ganz leicht. Schon kam der Wind und nahm sie mit in die Luft.
(Liebe, Leichtigkeit, Freude)

Das visionäre Puffauto

Es war einmal ein Puffauto auf einem Jahrmarkt. Es fuhr tagein, tagaus zusammen mit vielen anderen auf einer etwa 15 mal 30 Meter großen Fläche. Es hatte Elektroantrieb über einen Stromabnehmer an der Decke.
Als es noch jung war, war jeder Tag spannend. Es kamen viele Kinder und Jugendliche, oder auch Erwachsene. Manche fuhren einfach im Kreis herum und andere legten es an, mit dem rundumlaufenden Gummipuffer andere Autos zu rammen. Das war sehr lustig, da er dann mit seinen 200 Kilo ganz schön hin und her

geworfen wurde – ebenso wie manche Fahrer, die dies entweder voller Freude genossen oder hysterisch schrien. So vergingen die Tage. Alle zwei bis drei Wochen gab es einen Umzug zu einem andern Jahrmarkt und hin und wieder gab es eine längere Pause, die er auf einem Lastwagen verbrachte.

Er wurde älter und älter und das Herumfahren langweilte ihn mehr und mehr. Es war immer das Gleiche und das Herumgeschubse der meisten Fahrer ging ihm mehr und mehr auf die Nerven. Zusehends tat ihm sein schönes Blechkleid durch das häufige Zusammenprallen weh. Und so freute er sich, wenn er einmal in der Ecke ungenutzt herumstehen konnte.

Eines Tages, als er wieder Mal in der Ecke stand, machte er eine Entdeckung: Er warf einen Blick zur Seite und entdeckte eine andere Welt außerhalb seiner Fahrfläche. Neben ihm war ein Geschäft mit kleinen Flugzeugen aufgebaut, in dem Kinder fröhlich im Kreis flogen. Daneben gab es wunderschöne Schiffschaukeln, die von Jugendlichen rhythmisch bis weit nach oben in den Himmel bewegt wurden. Und weiter hinten war ein Riesenrad aufgestellt. Das war schön. Bislang hatte er dies alles nicht gesehen, da er nur auf seinen Raum und seine Arbeit konzentriert war. Und so blinzelte er mehr und mehr Richtung außen und konzentrierte sich beim Fahren gar nicht mehr auf seine Fläche. Manchmal fuhr er sogar falsch oder in eine andere Richtung, als die Kinder am Lenkrad wollten.

Irgendwann würde er sogar sein Fahrgeschäft verlassen und in die weite Welt fahren. Das war sein schönster

Traum. (Veränderung, Wahrnehmung, Fokus)

Auf der Suche nach der Tiefe

Es war einmal ein Mann, der wollte die Welt verstehen. Er besuchte eine Menge Seminare, Kurse, Workshops, Camps, etc. und las fast jedes Buch über die Welt. Er reiste in viele Teile der Welt und besuchte alle, vom Schamanen über die Heiler, bis zum Zirkuskünstler. Er kam immer ein bisschen weiter, aber der große Durchbruch fehlte. Auch der Kontakt zu chemischen Substanzen brachte manche Lichtblicke, die aber bald wieder verblassten. Er gab nicht auf, denn im tiefsten seines Herzens wusste er, dass es einen Weg und eine Lösung gab.

Und so erzählte er überall von seiner großen Sehnsucht. Eines Tages traf er in einer Kneipe einen Visionär, der an neuen Techniken arbeitete. Er war ebenso von seiner Idee besessen und konstruierte für ihn eine Art Rakete, mit der er in die materielle Tiefe gehen konnte, denn das hatte er noch nicht ausprobiert.

Die Rakete sah aus, wie ein langgezogenes Ei, in dem er bequem stehen konnte. Sie besaß einen neuartigen, fantastischen Antrieb.

Sie fanden am Stadtrand einen idealen Platz und stellten die Rakete auf. Er betrat sie, schnallte sich fest und betätigte den Startschalter.

Wow – und schon ging es ab. Die Rakete beschleunigte rasch und bohrte sich in die Erde, immer weiter in die Tiefe. Er kam sich vor, wie in einem Aufzug in einem Bergwerk. Alles war schwarz. Er sackte in einer für ihn angenehmen Geschwindigkeit ab.

Es ging immer tiefer und tiefer. Er verlor er sein Gefühl für Zeit und Raum und gewann gleichzeitig einen Geschmack von Essenz.
Endlich war seine lange Reise zu Ende. Während seiner Freude ging aber die Fahrt plötzlich weiter. Die Rakete kannte kein Halten und trieb in immer tiefer und tiefer. Der Techniker hatte anscheinend Bremsen und den Rückwärtsantrieb vergessen. Gerade, als der Mann anfangen wollte, sich Sorgen zu machen, flog er aus der Erde heraus in den blauen Himmel. Er war durch das Erdinnere auf der anderen Seite der Weltkugel gelandet.
Es ging ab in die Wolken. Automatisch entfaltete sich das Unterteil, nun Oberteil seiner Rakete, und drei Flügel, wie ein X, hielten ihn in der Luft und er konnte segeln. Zuerst war er verwirrt, aber dann wurde sein Glück größer: Seine Suche nach Tiefe endete im Himmel - nun hatte er sein Ziel erreicht. Er segelte noch ein Weilchen und landete an einem Ort mit lauter freundlichen Leuten, die ihn zu einer Stadt brachten, von wo er wieder zurück nach Hause fliegen konnte. Dies tat er ganz ruhig und gelassen, denn nun gab es nichts mehr zu suchen.
(Erleuchtung)

Ziele

Es geht rund

Es war einmal ein Mann, der lebte in einem Dorf in einem Tal. Er wusste von einem Nachbardorf hoch über den Bergen, zu dem ein steiler, langer Weg führte. Eigentlich war er sehr zufrieden mit seinem Dorf, aber hin und wieder schaute er sehnsüchtig hoch hinauf zu diesem Weg.
Und so holte er immer wieder mal an Sonn- und Feiertagen sein Fahrrad aus dem Keller, um ein bisschen auf den Berg hochzufahren.
Es war anstrengend und häufig musste er hustend und keuchend den Ausflug abbrechen.
Eines Tages entschloss er sich zum letzten Versuch. Er zog seine schönste Sportkleidung an, ölte die Fahrradkette und trat an. Diesmal kam er weiter und strampelte so intensiv, wie er konnte, auf sein Ziel zu. So kam er immer höher. Doch plötzlich bemerkte zu seinem Entsetzen, dass er sich in einem geschlossenen Looping und schon auf dem Weg nach unten befand. Er war so schnell, dass er sogar bremsen musste. Schließlich stand er wieder da, wo er angefangen hatte -- in seinem kleinen Heimatdorf.
Er schaute verwundert sein Fahrrad an, den Boden und die bekannte Umgebung. Er fing an, zu lachen. Er lachte und lachte und seine Umgebung ließ sich davon anstecken. Die Bäume schüttelten sich vor Lachen, alle Tiere lachten voller Freude, die ganze Natur bis zum letzten

Grashalm lachte und lachte und lachte ...
(Veränderung, Umdeutung)

Ziele sind überall

Es war einmal ein leidenschaftlicher Basketballspieler. Regelmäßig ging er in eine große Sporthalle zum Training. Er lief an, sprang hoch und traf oft in den Korb. Und so lebte er sein Leben und ging hin und wieder abends zum Basketballspielen in die Halle. Nach einiger Zeit war ihm der einzelne Korb zu wenig und er stellte während seines Trainings zwei zusätzliche Körbe daneben. Das machte viel Spaß, da er mehr Möglichkeiten hatte. Er lief an, sprang hoch und traf oft in den Korb. Nach einiger Zeit erweiterte er sein Spektrum und so standen bald viele Körbe in einem Halbkreis in der Halle. Das machte noch mehr Freude, denn er konnte von links oder rechts, von rechts oder links, oder einfach gerade oder seitlich an die Körbe laufen, hochspringen und einlochen.

Er wurde älter und ein erfolgreicher Mann. Und so entschloss er sich, eine kleine Sporthalle zu mieten. Dort stellte er seine bisherigen Körbe im Halbkreis auf und übte. Im Laufe der Jahre wurden diese Körbe ergänzt und schließlich war das halbe Spielfeld voller Körbe.

Er lief an, sprang hoch und lochte ein. Und so hatte er im Training immer hundert Prozent Trefferquote und ging glücklich und zufrieden nach Hause. Und das war für seine Frau und seine Kinder ein großer Segen.

(Freude, Glück, Muster)

Volle Ziellosigkeit

Es war einmal eine kraftvolle, zielstrebige Frau. Sie war sehr engagiert und ging ihren Weg. Leider gab es ein Problem. Immer, wenn sie ihren Weg ging, war es am Anfang leicht, dann schwerer und schwerer und schließlich wurde sie kurz vor dem geplanten Ziel mit großer Kraft von einem Art Gummiband wieder an den Ausgangspunkt zurückgezogen.

Am Anfang machte ihr das nichts aus. Sie versuchte es nochmals – mit mehr Kraft – und jedes Mal kurz vor dem Ziel machte es ratsch und schon war sie wieder am Ausgangspunkt. Sie kam sich vor wie Sisyphos. Da dies nervig war, gab sie für eine kurze Zeit ihre Versuche auf. Aber sie ließ nicht locker und glaubte mit Intelligenz und Flexibilität das Band auszutricksen. Zuerst versuchte sie alle Variablen zu verändern. Sie ging ganz langsam voran, in Trippelschritten oder auch ganz schnell, wie in Sieben-Meilenstiefeln. Aber, wie üblich, kurz vor Schluss schlug der Rückzugsmechanismus gnadenlos zu. Er ließ sich nicht so schnell übertölpeln. Daher ging sie mal rückwärts, in Kurvenform, sprang hoch und runter, etc. – alles ohne Erfolg.

Dann kam sie auf die Idee, das Zurückgezogenwerden angenehmer zu gestalten. Sie rollte sich ein, ging im Hopserschritt, schlug ein Rad oder Saltos – so war die Rückkehr wenigstens ein wenig lustig und unterhaltsam. Schlussendlich machte ihr das Hin und Her nichts mehr aus. Es gehörte zu ihrem Leben: auf ein Ziel zu steuern und es nie zu erreichen.

Eines Tages – sie war ein wenig müde – ging sie einfach

ihres Weges und plötzlich geschah es. Sie kam weiter, denn der Rückholmechanismus war entweder ermüdet oder das Leben wollte ihr eine Botschaft senden. Sie experimentierte mit andern Möglichkeiten des Vorankommens und kam zu folgendem Schluss: Es war für sie besser, ziellos durchs Leben zu gehen. Auf einem Wegesrand schöne Blumen zu pflücken oder in einem Fluss zu schwimmen und sich treiben zu lassen oder das Ufer zu besteigen, wenn es Freude machte – das war die passende Lebensart für sie.
Und so war sie voller Ziellosigkeit glücklich.
(Stress, Freude, Muster)

Pfeil ohne Ziel

Es war einmal ein Pfeil, der um die Erde sauste. Irgendjemand hatte ihn abgeschossen und so raste er nun um die Erde. Das machte Spaß, denn er konnte vieles sehen, da er ja überall herumkam.
Dennoch ging es ihm zusehends auf den Geist, denn er war ein Pfeil und ein Pfeil hatte eine Spitze und brauchte dafür ein Ziel. Es war nicht in Ordnung, einfach nur herumzufliegen. Da er aber sein Ziel nicht kannte, war er in einer misslichen Lage. Wohin sollte er fliegen?
Er zerbrach sich seinen Kopf und er konnte diese Frage nicht beantworten. So wurde er immer müder und müde. Eines Tages fiel er einfach zu Boden, einfach so: Pong. Das war schrecklich und er hatte furchtbare Angst, an der falschen Stelle gelandet zu sein. Denn er war ein verantwortungsvoller Pfeil und er befürchtete,

sein Ziel, das er ja nicht kannte, total verfehlt zu haben.
So lag er nun da und wartete und vermutete das Schlimmste.
Eines Tages fand ein Bauer diesen Pfeil. Er erkannte sofort, dass es nicht irgendein Pfeil war, sondern ein wunderschöner Pfeil, der ein Geheimnis in sich trug. Voller Freude rannte er in sein Dorf und berichtete von der wunderbaren Fügung: Dieses Dorf wollte seit vielen Jahren eine Kirche bauen, fand aber bisher nicht den richtigen Ort. Und so sahen die Dorfbewohner in dem Pfeil die göttliche Fügung: Sein Landeplatz musste der richtige, lang gesuchte Ort sein!
Sie begannen entschlossen mit dem Bau der Kirche und waren in kurzer Zeit fertig. So entstand an dem Ort, auf dem der Pfeil landete, eine wunderschöne Kirche, die vielen Menschen Heimat und Trost brachte. Und unser „zielloser" Pfeil hatte doch noch seinen Sinn gefunden.
(Klare Ziele, Überforderung, Umdeutung)

Längere Geschichten

Das Schäfchen und das Gänseblümchen

Es war einmal ein einsames, aber glückliches Schäfchen. Eines Tages erkundete es seine Umgebung und traf auf ein Gänseblümchen. „Hallo, liebe Blume, wie geht es dir?" fragte es und das Gänseblümchen antwortete: „Wunderbar, wenn nur meine kleinen Blätter nicht so schmutzig und trocken wären." Das Schäfchen hatte sofort eine gute Idee und bot dem Gänseblümchen an, mit sanftem Blasen die Blätter vom Staub zu befreien und die trockenen Blätter durch ganz liebes, langsames Streicheln mit seiner Zunge mit Feuchtigkeit zu benetzen. Da war das Gänseblümchen froh. Und in seinem Glück bot es dem Schäfchen seine Freundschaft an und bat es darum, bei den Erkundigungen mitmachen zu können.
Das Schäfchen grub es liebevoll mit all seinen Wurzeln aus und nahm es in seinem Mund mit. So streiften sie glücklich durch die Gegend. Eines Tages sahen sie in der Ferne ein wundervolles Schloss auftauchen. Unser abenteuerlustiges Schäfchen entschloss sich sofort, diesem Schloss einen Besuch abzustatten. Es rannte voller Eifer auf das Schloss zu, musste aber vor der nach oben gezogenen Zugbrücke jäh haltmachen. Es rief laut: „Hallo. Ist da jemand? Mach doch bitte auf, wir möchten euch besuchen."
Aber niemand antwortete. So wiederholte es öfters seinen Wunsch. Denn es war ein zielstrebiges Schäfchen, fast

schon penetrant. Endlich hörte es Schritte und ein alter Mann erschien auf der Mauer. „Was wollt ihr denn, ihr stört mich in meiner Ruhe!", rief der Mann. „Ich bin ein Schäfchen auf Wanderschaft und ich würde euch gerne einen Besuch abstatten, da ich gerne viele Menschen kennenlerne." Der Schlossherr murrte und sagte: „Hier kommt nur der herein, der ein tolles Willkommensgeschenk mitbringt." Das Schäfchen hatte ja das liebe Gänseblümchen dabei und bot es, mit Einwilligung des Blümchens, als Geschenk an. Der Schlossherr, der übrigens John hieß, war darüber so überrascht und erfreut, dass er die Zugbrückenherunterlassmaschine einschaltete und langsam neigte sich die Brücke zu Boden. Das Schäfchen und das Gänseblümchen konnten in das Schloss eintreten. Sie betraten die riesige Eingangshalle und ruhten sich kurz aus. Da der Schlossherr selten Besuch hatte, war er sehr spendabel. Er ging in seinen tiefsten Keller und holte seinen besten und ältesten Rotwein, zusätzlich zwei Gläser und eines seiner wunderschönsten Taschentücher mit seinem Wappen darauf. Voller Ehrfurcht goss er dem Schäfchen und sich einen Schluck des alten Weines ein, wahrscheinlich ein Château Lafite, 1899. Dann benetzte er das wertvolle Taschentuch und setzte sanft das Gänseblümchen drauf, außerdem träufelte er einige Tropfen des köstlichen Weines auf die Wurzeln, so dass das Gänseblümchen leicht betrunken anfing, fröhlich hin- und herzuschaukeln. Sie tranken alle und hatten eine gute Zeit.

Nach einer Weile der Stärkung war es Zeit für eine Schlossbesichtigung. John ging voran und begann ausführlich, alle Räume zu begehen und überall die historischen Zusammenhänge zu erklären, da das Schäfchen ein starkes Interesse für Geschichte hatte. So kamen sie auch in den alten Kronsaal. Der war riesengroß, mit Marmor ausgestattet und ein wunderschöner kuscheliger, rötlicher Teppich lag in seinem Zentrum. Das Schäfchen, das natürlich nicht nur so ein einfaches Schäfchen war, sondern auch Ahnung von Energie und Harmonie hatte, lief langsam, voller Mitgefühl, wie ein Wünschelrutengänger, den Teppich ab und fand einen Ort voller Energie – genau dort, wo das Wappen eingenäht war. Es setzte sich vorsichtig dorthin und spürte sofort die ungeheuren Energien: Innere Ruhe, Kraft und Frieden strahlten durch seinen Körper und es fiel in eine tiefe, allumfassende Trance. Auch der Schlossherr machte – vielleicht lag es an dem Wein – ein kleines Päuschen auf dem Sofa. Nach einer langen Weile, vielleicht Minuten, Stunden oder sogar Tagen, wachte das Schäfchen glückselig auf und war bereit, für weitere Erkundigungen. So landeten sie auf dem höchsten Turm des Schlosses. Der Blick war herrlich. Das ganze Universum lag vor ihren Füßen und das Schäfchen wurde rührselig. So ein Glück. Seligkeit durchfloss seinen kleinen Körper. Als es aber John ansah, spürte es Traurigkeit aus dessen Augen funkeln. „Lieber John, wieso bist du traurig? Du bist hier an einem Traumort. Was hast du denn?" fragte das Schäfchen. „Ach, lieber Freund," antwortete John, „das ist ja alles ganz schön, aber meine Frau, mit der ich Jahrzehnte zusammen war, starb vor einigen Jahren und seitdem bin ich einsam, alleine und

unglücklich." Da das Schäfchen spürte, dass da Reden nicht helfen konnte, entschied es sich zum Handeln: „Folge mir", sagte es zu John. Und in Volltrance torkelte John hinter ihm her. Sie landeten natürlich auf dem Energiefeld, auf dem roten Wunderteppich.
„Altes Haus, setz dich zu mir auf diesen kuschligen Teppich!", forderte das Schäfchen John auf und er folgte ihm ohne Widerstand. Er setzte sich auf sein Wappen und das Schäfchen umgarnte es mit seiner wärmenden Wolle. Nach kürzester Zeit wirkte der Zauber und es geschah ein Wunder: Die Kraft des Teppichs strahlte alle Energien aus, die John wie ein Schwamm aufsog – Glückseligkeit, Wonne und ein 360-Grad-großes, weites Herz erstrahlte im Raum. Der Himmel tat sich auf und ließ den Raum im hellsten Licht erstrahlen.
Nach einer Ewigkeit erhoben sie sich, und John umarmte das Schäfchen. Seit dieser Zeit konnte man ein dauerhaftes Lächeln auf Johns Gesicht wahrnehmen, mit dem er zukünftig vielen Besuchern, die das Schloss zufällig im Nebelloch fanden, zur Erleuchtung verhelfen würde. Das Schäflein trank noch einen Schluck des edlen Weines und setzte dann wohlgemut seine Wanderschaft fort. Das Gänseblümchen fand seinen Ehrenplatz im Schlosshof. Täglich wurde es vom Tau benetzt, von vielen Schmetterlingen gestreichelt und an Sonn- und hohen Feiertagen gab es hin und wieder einige Tropfen von dem wohlschmeckenden Rotwein. (Ursprung, Liebe)

Der kleine Geier

Es war einmal ein kleiner Geier. Er wurde von seiner Mutter versorgt. Eines Tages begann er auf eine zwei bis drei Meter hohe Stange zu springen und zu singen. Er setzte sich in die Mitte seiner Stange und benutzte sie als seine Bühne. So saß er jeden Tag ab etwa acht Uhr in der Früh auf seiner Stange und begann zu singen, hüpfte behänd nach links, dann nach rechts und fing dann wieder ein neues Lied an. Er tänzelte wunderschön von links nach rechts, verbeugte sich galant und kam dann wieder zur Mitte und lauschte dem Beifall. Meistens war es nur das Rauschen des Windes, aber das war ihm genug. Er tanzte wieder nach links, hob seine dicke Augenbraue, schaute erfreut in das nicht anwesende Publikum, lächelte vergnügt und lief wieder zur Mitte. Er war fest davon überzeugt, dass seine Mutti eine Balletttänzerin war und er das Talent von ihr geerbt hatte.

Seine einzigen Zuschauer, außer den Bäumen und dem Wind, waren die alten, gehörlosen Geier in Rente, die sich kaum bewegen konnten und sich über die angenehme Unterhaltung nach ihrem Frühstück, beziehungsweise zum Nachmittagskaffee freuten. Oft klatschten bei schlechtem, windigem Wetter Äste aneinander und der kleine Geier bedankte sich strahlend für den tosenden Applaus. Am Abend ging er wieder zu seiner Mutter und schlief friedlich in seinem Horst ein.

Am nächsten Tag stand er wieder auf, sprang voller Befriedigung auf seine Stange, sang ein neues Lied, hüpfte behänd nach links und nach rechts, verbeugte sich, kam zurück in die Mitte und schaute in die Runde.

Er wusste, wie wichtig es war, einen geregelten Tagesablauf zu haben und sich am Rhythmus zu erfreuen. Die alten, schläfrigen Geier, die ihm manchmal zuhörten, nickten oft ein, was der kleine Geier als Zustimmung wertete und er verfiel in ein Solo, drehte sich elegant umher, schaute rückwärts und wartete auf den Sonderapplaus von den einnickenden alten Bewunderern, die meist zu müde dafür waren. Voller Selbstvertrauen und Freude ging er nach so einer Vorstellung vergnügt nach Hause.
Es muss an dieser Stelle erwähnt werden, dass der kleine Geier der festen Überzeugung war, ein Rotschwänzchen zu sein. Denn eines Tages, auf einem unerlaubten Ausflug in die Tiefe des Waldes, hatte er einen Busch voller roter Kirschen gestreift und dabei hatte sich sein Schwänzchen rot gefärbt. Als er das erste Mal voller Schrecken sein rotes Schwänzchen bemerkt hatte, entschied er sich, ab sofort den passenden Namen anzunehmen. Da er den wunderbaren Gesang dieser Vogelart kannte, war er überzeugt davon, das Recht zu haben, diesen Künstlernamen anzunehmen. Diese betörende Stimme vermittelte allen eine wundersame, traumhafte Trance und versetzte die Waldbewohner in eine flauschige Stimmung. Daher entschied sich damals für seine Lebensaufgabe: ein schön singendes Rotschwänzchen zu sein.
Nachts fielen ihm oft neue Melodien ein, die er entweder sofort wieder vergaß oder sogleich am nächsten Morgen zum Besten gab. Und wie üblich stand er fröhlich auf, ging zu seiner Reckstange, tänzelte und zwitscherte wie

ein Rotschwänzchen, drehte den Kopf nach rechts, nach links, an guten Tagen drehte er sich komplett herum, an schlechten nur um 180 Grad und verbeugte sich.
Eines Tages sass seine alte Eule in der Nähe, die Gefallen an seinen Gesängen entwickelte. Sie wusste nie, ob dieser Sänger ein Rotschwänzchen mit Geierverhalten war oder ein Geier mit rotem Schwanz. Egal – unser Rotschwänzchen-Geier tat sein Bestes für den neuen Besucher und musste sich sogar nach dem Mittagessen hinlegen, da er erschöpft war und wieder Kraft für die Nachmittagsaufführung sammeln musste. Und so kam er nach der Pause wieder zurück auf seine Stange, sang ein Lied und tänzelte dazu nach links und dann nach rechts und machte seine Pirouetten.
So geschah es, dass er kleine Turnübungen einzubauen begann und nach kurzer Zeit gelang ihm sein erster Überschlag. Wohlwollend genoss er den tosenden Applaus und ließ sich zu einem zweiten Loop als Zugabe hinreißen. Um sich zu erholen, rannte er sofort in sein Künstlerzimmer und wartete auf Blumen und Geschenke – leider ohne Erfolg.
Und so vergingen die Tage. Manchmal fiel ein alter Geier aufgrund von Altersschwäche von seinem Ast oder es kam eine weitere Eule zur Nachmittagsvorstellung.
Eines Tages kamen sogar kleine Affen vorbei, die sich köstlich über den kleinen Geier amüsierten und herzhaft lachten, da die Tanzkünste des kleinen Geiers hilflos auf die Affen wirkten. Der kleine Geier blieb von sich überzeugt, sang sein Lieblingslied, tänzelte nach links, schaute ins Publikum, tänzelte nach rechts, dazwischen

machte er manchmal einen Felgauf- oder -Umschwung, um die Affen endgültig von seinen Fähigkeiten zu überzeugen. Manchmal lachte er selbst minutenlang und fiel dabei öfters von seiner Stange, konnte dies aber als absichtliches Manöver tarnen, indem er sich an der nächsten Liane wieder hochzog.
Das Gelächter der Affen war immer wieder Thema seiner Gedanken und er verbrachte öfters unruhige Minuten, um der Wahrheit auf den Grund zu kommen. Vielleicht konnten die Affen die Texte seiner Lieder nicht verstehen oder lag es an den Pirouetten oder an seiner Liederauswahl? Was immer er versuchte, die Affen lachten sich schief. Das Lachen erreichte den ganzen Wald, niemand konnte sich vorstellen, dass Affen so herzhaft lachen konnten.
So entschloss sich der kleine Geier eines Tages zu einer Heldentat. Als einziger Geier, der meinte ein Rotschwänzchen zu sein, sang er seine Texte zweistimmig. Er drehte seine Doppelpirouette und sein Salto war der schönste aller Zeiten. Ein Affe begann wieder mit seinem schrecklichen Gelächter, ebenfalls zweistimmig, zusammen mit seinem Affenfreund. Diesmal jedoch tanzten sie mit und freuten sich überschwänglich über die gelungene Vorstellung des kleinen Geiers, der langsam immer größer wurde.
(Anerkennung, Freude)

Bruno und Fridolin

Es war einmal ein wunderschöner, idyllisch gelegener See. Um ihn herum führte ein romantischer Weg. Das Überraschende an diesem See war, dass er im Sommer ein ganz normaler See war. Aber im Herbst, bis zum Ende des Winters, wurde der See von einem Nebelgeist in Besitz genommen. Die größte Freude dieses Nebels war es, im Herbst aus dem See zu steigen und wie ein Künstler, Figuren zu gestalten. Da er München liebte, waren das Olympiazeltdach oder Bilder vom Oktoberfest seine ersten virtuellen Figuren, oder einfach nur ein Karussell, wenn besonders viele Kinder um den See herumliefen. An kalten Tagen formte er eine Industrielandschaft mit rauchenden Schloten. Es gab Zeiten, in denen es etwas ruhiger war, und dann zauberte er einfach eine dünne, ebene Fläche über den See, so dass von oben die Sonne durchschimmern konnte und der See in einem herrlichen Licht erstrahlte.

Manchmal war der Nebel heimtückisch und verhüllte die Löcher in den Planken der Fußgängerwege, so dass immer wieder Spaziergänger ins Stolpern kamen, unverhofft ins Leere traten oder bis zum Schienbein im Wasser standen. Und da musste er so lachen! Das war eine seiner größten Freuden.

Eines Tages geschah etwas, was ihn in größtes Erstaunen brachte. Eine Frau, die ihren Spaziergang um den See machte, brachte ihren eigenen Nebel mit. Zuerst war der Seenebel leicht sauer und eifersüchtig: Es war nicht vorgesehen, dass hier Konkurrenz auftauchte!

Entsetzt beobachtete er, wie die Frau mit leicht gehetztem Schritt seinen See umschritt, immer in Begleitung des mitgebrachten kleinen, schwarzen Nebels. Der Seenebel war jahrelang geübt in Beobachtung und Selbstreflexion. „Eigentlich bin ich ja im Winter über hier sehr einsam und ein bisschen Gesellschaft wäre nicht schlecht”, sagte er zu sich. „Vielleicht ist es ja ein netter Nebel?”

So schlich er hinter der Frau her und erwischte relativ schnell den dunklen Nebel. „Hallo, Herr Kollege,” sagte er so freundlich, wie es ihm möglich war. „Ich bin hier der Seenebel. Und wer bist du?”

„Ich bin der Nebel von M. Seit vielen Jahren muss ich sie benebeln, eine anstrengende Arbeit. Ich wollte sie schon vor langer Zeit verlassen, denn sie ist so nervig. Schau, wie schnell sie läuft. Ich komme kaum hinterher und huste mir einen ab. Sogar im Sommer muss ich meinen Dienst schieben. Was soll ich denn tun? Schön, dass ich dich treffe. Du bist größer und erfahrener, kannst du mir einen Rat geben?”

Da kamen die väterlichen Instinkte in unserem Seenebel hoch und er schlug ihm vor, einfach einen Erholungsurlaub am See einzulegen. „Wir wandern kurz um den See und suchen dir ein nettes Plätzchen. Wir könnten dann zusammen lustige Figuren formen.”

Da war unser kleiner Nebel total begeistert und sprang vor Freude so hoch, dass er schon fast Frau M. verlassen hätte.

Sie reagierte sofort und nahm mit ihrem Wintermantel den Nebel wieder auf. Aber der kleine, schwarze Nebel war geschickt – er suchte nach Knopflöchern und kleinen Falten und schlüpfte einfach wieder durch sie hindurch, oben am Schal konnte er langsam entweichen. So schlich er sich langsam hinaus und ließ zur Erinnerung einige Nebeltröpfchen zurück, damit sein Verlust nicht sofort auffallen würde, sonst wäre seine Freundin enttäuscht. Um keine Veränderung vorzutäuschen, schickte er ein paar Nebelschwaden zu ihrer Brille, damit sie meinte, er wäre vollständig da. So war alles gut vorbereitet und er konnte abhauen.

Als erstes gab es eine Besichtigung des Sees mit all den schönen Plätzen; später war Zeit für einen ausgiebigen Mittagsschlaf. Schließlich machten sie sich am Abend auf die Suche nach einem Platz für den kleinen Nebel. Sie fanden eine Höhle, die mit wenig Nebel besetzt war. Er floss hinein und fühlte sich sofort wunderbar. Endlich Ruhe, kein dummes Geschwätz und kein ständiges Rumrennen. Er fand es toll, eine Art großen Bruder zu haben und entschied sich, mehrere Monate zu bleiben.

Die schöne Zeit hielt leider nicht lange. Denn nach zwei Wochen kam die Besitzerin des kleinen Nebels. „Fridolin", rief sie – so hieß unser kleiner Nebel, „komm doch wieder zurück. Ich kann ohne dich nicht leben. Ich kann es nicht ertragen, alles mitanzusehen, ich brauche dich und ich weiß, dass du da bist."

Sie schaute in jede Ecke des Sees. „Du hattest es doch so gut bei mir, ich bin eine attraktive Frau und sorge mich um dich."

Fridolin versuchte sich zu verstecken, denn er konnte diese Stimme nicht ertragen. Was könnte er tun? Er hatte eine gute Idee. Er fragte Bruno, den großen Seenebel.

„Lieber Bruno, ich brauche Urlaub, möchte in der Höhle bleiben, die Alte soll mich in Ruhe lassen. Kannst du mir helfen?"

Bruno runzelte die Stirn, faltete die Augenbrauen und dachte nach. Plötzlich huschte ein Lächeln über sein Gesicht: „Fridolin, wir machen das so. Ich nehme ein kleines Stückchen Nebel von mir, wir färben es dunkel und verkaufen es ihr als dich."

„Bruno, du bist so großzügig und schlau. Ich bin so dankbar, dass ich dich getroffen habe. Genauso machen wir es!"

Als die Frau verzweifelt am Ufer nach ihrem Nebel rief, kam der kleine Nebel, der so aussah wie Fridolin. Er floss wieder um sie herum und vernebelte sie wie früher. Da war die Frau froh, denn nun konnte sie wieder fast nichts mehr sehen und sagte freudetrunken. „Ach, Fridolin, schön, dass wir wieder zusammen sind. Ich hätte es nicht mehr ausgehalten ohne dich."

Nun war der kleine Bruno aber ein alter, erfahrener Nebel und nicht ein kleines Nebelchen, das tut, was man ihm sagt. Bruno hatte sein Eigenleben und er fing an, in unbemerkten Augenblicken kreativ zu werden. Es trug sich Merkwürdiges zu, denn er ging seiner Leidenschaft nach, schöne Formen zu erschaffen. Zum Beispiel formte er eine Brille und genau an den Stellen der Augen, wo der Nebel am wichtigsten war, ließ er eine Lücke frei.

Frau M. war überrascht im ersten Moment. Fridolin war zwar da, das konnte sie am benebelten, tranigen Gefühl im Kopf spüren, aber trotzdem sah sie wieder klar all die unangenehmen Dinge, die sie nicht sehen wollte. Sie rieb sich die Augen und verteilte wieder ein bisschen Nebel in die Augen. „Komisch, die Augen werden immer besser, obwohl sie doch im Alter immer schlechter werden sollten!"

Wenn es Bruno langweilig war, machte er kleine Kronen, Armbänder und Ketten. Jedenfalls war es kein einfacher, kleiner Nebel, der darauf spezialisiert war, Menschen zu benebeln. Er schlich ständig in verschiedenen Formen um sie herum und vernachlässigte seine eigentliche Aufgabe. Den Höhepunkt seiner Kreativität erreichte er, als er sich auf die Formung von Verkehrszeichen spezialisierte. Stopp, Einbahnstraße, Kreuzung, Vorsicht Wasser, rutschige Fahrbahn, beschränktes Parken waren seine Lieblingszeichen. Schließlich nutzte er seine neuen Fähigkeiten, um mit diesen Schildern Frau M. zu lenken. Anfangs musste er viele Stoppschilder vor ihren Augen aufbauen, darauf folgten Einbahnstraßen oder gefährliche Kreuzungen. Und so kam es, dass vermehrt kleinere Hinweisschilder reichten.

Inzwischen hatte sich der echte Fridolin gut ausgeruht und seinem Name Fried-olin alle Ehre gemacht. Trotz der schönen Zeit spürte er im Innersten seines Nebelherzens immer wieder ein kleines bisschen Sehnsucht nach seiner alten Freundin. Er suchte seinen Freund Bruno auf. Der erzählte ihm, dass sich die Arbeit bei M. total verändert hätte und dass eine richtige Kommunikation mit M. entstanden war. Fridolin wurde neugierig und dachte, dass es doch wieder an der Zeit wäre, zu tauschen. Er verabredete sich mit Scheinfridolin, dem kleinen Bruno, am See, der M. mit seinen Zeichen zum See

lockte. Elegant glitt Bruno aus dem Kragen heraus, während der echte Fridolin sich sanft am Saum des Mantels und an den Knopflöchern hineinschlich, verabschiedete sich und ging mit M. davon.
Er führte die Arbeit von Kleinbruno fort. Da er Anfänger war, gelangen ihm anfangs, die Verkehrsschilder nicht so wunderschön. Dafür konnte er friedliche, beruhigende Bilder und sanft inspirierende Rauchschwaden zeichnen und beschütze M. mit ihnen, wenn es manchmal notwendig war.
Schließlich erreichte Fridolin und seine Freundin diese heilsame Ruhe und den inneren Frieden – die Basis für ein erfülltes Leben.
(Spaß, Freundschaft)

Engel auf Erdurlaub und die übervolle Leere

Es war einmal ein perfekt dienender Engel, der eine lange Ewigkeit seinen Job im Himmel ohne Fehler erledigte. Eines Tages gewann er bei einer Himmelstombola, zu der, nur die Top 10 zugelassen waren, den ersten Preis: ein Tag auf Erden. Er freute sich riesig und machte sich schon viele Gedanken, was er an diesem Tag auf Erden alles erleben würde.
Einige Tage vor Antritt seiner Reise ging er in die Ausstattungskammer, um sich angemessen vorzubereiten. Zuerst bekam er, da es Herbst und Regen vorhergesagt war, einen schönen, großen Schirm, einen grünlichen Regenmantel und schwer mit Blei ummantelte Schuhe,

die sein Gewicht erschwerten, damit er nicht ständig ins Fliegen kommen würde. Auch ein über 400 Seiten langes Benimmbuch, „How to be a good angel on earth", war in seinem Gepäck. Für den Notfall hatte er eine Tasche mit heiligen Mantren, Weisheitspulver und eine Spezialbrille, um den Teufel zu erkennen.

Dann war der Tag gekommen. Er ging zum Himmel-Erde-Bahnhof, gab sein Ticket ab und betrat voller Vorfreude den Aufzug im 7. Himmel. Im Bruchteil einer Sekunde war er mit dem Aufzug im Erdgeschoß angekommen – zufälligerweise im Hotel „Vier-Jahreszeiten" in München. Er stieg aus und fiel mit seiner Regenkleidung glücklicherweise nicht auf, da es in München schrecklich regnete. Um sich anzupassen, setzte er sich an einen Tisch im Foyer und bestellte, wie es so Sitte war, einen Kaffee. Er hatte Gott sein Dank Bargeld und eine einen Tag lang gültige Kreditkarte bei sich. Er genoss es, in die Zeitung zu schauen oder die Leute zu beobachten. Es war so schön, endlich die Bundesliga-Fußballtabellen und Fotos von seinem Lieblingsverein in der Zeitung zu sehen. Er musste zugeben, dass er an seinem freien Tag immer wieder mal von oben aus ein Fußballspiel verfolgte.

Um ihn herum war das übliche Geschehen: Menschen, die um Preise feilschten, eilige Menschen, die beim Regen kein Taxi bekamen, oder um eines stritten, Hunde, die wegen ihrer nassen Abdrücke im Teppich böse Blicke ernteten, Geschäftsreisende, die in ihr Handy kreischten und deren Schultern und Hände nach Entspannung schrien, und so weiter. Ein schrecklicher Ort. Hier war

so viel Chaos und negative Energie, wie sonst während eines ganzen Jahres im Himmel nicht.
Er ging zum gegenüberliegenden Theatercafé, aber dort fand er die gleiche Situation vor. Vielleicht sind die Studenten besser, dachte er und spazierte die Leopoldstraße hoch. Er landete in einem sogenannten In-Café, but the same procedure as everywhere: Manche Studenten stritten sogar um das Datum, das doch eindeutig war, oder kämpften gegen das Wetter, an dem sie nichts ändern konnten. Auch hörte er ständige Vorwürfe von Studenten, die die Prüfung nicht geschafft oder die falschen Noten erhalten hatten.
Voller Erschrecken hoffte er, im Englischen Garten seine Ruhe zu finden, und flüchtete in diese Richtung. Dort würde er gut gelaunte Lebewesen finden, dachte er. Er lehnte sich an einen Baum und nahm sanft Kontakt auf. Aber auch hier das gleiche Gezeter. „Lieber Baum", sprach er, „du müsstest doch total glücklich sein in dieser Ruhe hier. Viele Menschen genießen dein Blattwerk und rasten unter deinen einladenden Ästen."
„Vergiss es", antwortete griesgrämig der Baum. „Voriges Jahr wurden zwei Freunde gekillt, weil die schlechte Luft ihre Blätter zerfressen hatte, und bei mir ist es schon bald so weit."
Vielleicht geht es wenigstens den Büschen besser, dachte der Engel, aber auch hier hörte er Klagen: „Vor zwei Wochen kamen sie mit schrillen Maschinen, entblätterten mich, töteten meine besten Freunde, zwei Schnecken und rissen mir die Beeren ab. Lieber Engel, wir haben hier keine Chance."

Traurig ging der Engel zum Fluss, der scheinbar fröhlich vor sich hin plätscherte. Aber als der Engel den Fluss ansprach, hörte er das gleiche Jammer-Lied: „Glücklich? Vergiss es, vor zwei Jahren haben sie mich begradigt und nun muss ich manchmal total hektisch wie ein Wasserfall herabstürzen, was gar nicht meine Natur ist. Oder ich hänge herum und werde grün, dass sogar die Goldfische nach Luft schnappen."
Auch hier lauter Traurigkeit. So nahm der Engel in seiner Not ein bisschen Weisheitspulver und streute es durch die Gräser, als Trost und zur Inspiration. Seine Mantren, ein Rest von Humor, warf er als Papierflieger in die Lüfte. Der Wind nahm sie mit und erfüllte die Luft mit Weisheit, Mitgefühl und Liebe. Leider ohne Erfolg. Und so sollte sein toller Urlaub ein trübsinniges Ende finden. Trotzdem er genug Geld hatte, entschied sich der Engel, in der freien Natur zu übernachten. Auf seiner Suche nach einem idealen Schlafplatz traf er auf einen Obdachlosen, der aufgrund seiner Erfahrung den besten Platz schon besetzt hielt. Er stolperte über ihn und dabei fielen das letzte Mantra und ein Körnchen Weisheitspulver auf den Obdachlosen.
Und da geschah ein Wunder. Das Körnchen Weisheitspulver verwandelte sich in ein Energieteilchen und verwandelte den Obdachlosenkörper. Wie lustig war es, von seinen Haaren in Lichtgeschwindigkeit zu seinen Füßen zu springen und vom linken Arm in den rechten zu sausen, hei, war das ein Fest! Es war lustig, nur ein ständiges Gemurmel war nervig. Da es nichts anderes zu tun hatte, machte es sich auf die Suche nach dem Murmel-

zentrum. Leider gab es in der Nähe des lautesten Gemurmels Wachposten, die es aber, indem es sich zu noch kleineren Energieteilchen verkleinerte, locker überwinden konnte. Und so landete es im Herz des Gemurmel-Headquarters.
Hier sah es aus, wie in einem Verteidigungsministerium. Riesige Räume mit Computern, Laserdrucker, geschäftige Leute und ein riesiger Lärm. Er wurde daraus nicht klug und fragte herum, was denn da los wäre, aber niemand hatte Zeit. Auch die Suche nach einem Chef war erfolglos. Aber da es ja früher ein Weisheitspulver war, hatte das Energieteilchen eine Idee. Es suchte die älteste Person in den Räumen und fand ganz hinten, in einer Art Café, einen alten Mann, der einen Cappuccino trank. Es setzte sich zu ihm, sprach mit ihm über die angebotenen Kaffeesorten und konnte bald seine wichtigste Frage stellen. „Was läuft denn hier eigentlich ab?"
„Lieber Kaffeefreund", sagte sein neu gewonnener Freund, „das frage ich mich auch. Ich bin schon seit vielen Jahren hier, als alles ganz klein war. Wir hatten einen Raum mit einer Telefonleitung. Wir sammelten alle wichtigen Infos, die von innen und außen auf uns eintrafen – manche per Telefon und später als Fax. Und Briefe und Telegramme waren unsere Medien. Als nun vor einigen Jahren auf EDV umgestellt wurde und die ersten E-Mails eintrafen und die schnellen Laserdrucker kamen, versuchte ich, vorzeitig in den Ruhestand zu gehen, was mir, wie du siehst, auch gelang. Ich bin zu alt für das neumodische Zeug. Seit den E-Mails und vor allem seit dem neuen Betriebssystem ist alles viel schnel-

ler und hektischer geworden. Alle Daten aus der alten Bibliothek werden in Nachtschichten in den Wolken gespeichert. Vielleicht finde ich einen Teilzeitjob und darf die alten Regale abbauen oder die Bücher entsorgen. Jaja, die guten alten Zeiten. Früher haben wir nur das Wichtigste aufgeschrieben, sortiert, abgeheftet, mal Kaffee getrunken und hatten eine gute Zeit. Die neue Mannschaft hat nicht gelernt, zu priorisieren, erfindet sogar zusätzlich Geschichten und kann Wichtiges von Unwichtigem nicht mehr unterscheiden. So erzeugt sie – verzeih mir – Friedhöfe voller Daten. Man kann kaum schlafen, vor lauter Gemurmel und Infostress, weil sie sich die Storys sogar in der Nacht erzählen. Schade, dass wir keine Chance mehr haben. Ich komme manchmal vorbei und werfe dann was weg, oder – dir kann ich's ja sagen, manchmal habe ich sogar eine Leitung gekappt. Aber keine Chance, sie wurde durch das Intranet sofort überbrückt. Adieu, schöne Alte Welt."
Da wurde unser Weisheitspulver sauer. Was haben die da nur gemacht! Er bedankte sich beim alten Mann, gönnte sich noch einen Supercappuccino aus der Espressomaschine und fing an zu meditieren: Wo war die Schwachstelle?
Da es als Weisheitsteilchen auch Computerexperte war, kam er auf eine grandiose Idee. Es könnte doch mal dem Betriebssystem einen Besuch abstatten. So flitzte es zum Zentralcomputer und schaute sich das Bios an, das Herz jeden Computers. Da kämpften sich all die Elektronen, voller Stress und Hektik durch die Gegend und liefen schon heiß. Wie konnte man ihnen helfen? Es fehlte

ihnen an Freude und Ruhe. So verkleinerte sich das Weisheitsteilchen mehr und mehr, bis es nur noch übervolle Leere war. So gelang der Einbruch auf die Festplatten und das Betriebssystem. Wie ein Wirbelwind verteilte es überall seine Freude.
Diese Botschaften von der kleinen, lustigen Leere wurden sofort aufgenommen, und die ersten Elektronen rollten sich vor Lachen auf dem Gitter. Ein paar Lötstellen brachen auf und spielten verrückt. Und der Höhepunkt war die Zentrale vom Bios. Sie legte sich einfach kurz schlafen, schaltete sich in den Ruhemodus, den sie schon seit Jahrzehnten nicht mehr eingenommen hatte. Die Virenwärter waren sofort zur Stelle, scheiterte aber, da Leere logischerweise nicht auffindbar ist. Sie ließen sich von der neuen Stimmung anstecken, erfand selbst neue Späße und nutzte all ihre Fähigkeiten, Partystimmung zu erzeugen. Die lustigste Idee war ein Spezialprogramm, das die DVD-Laufwerke immer mehr beschleunigte, bis die Silberscheiben anfingen, Frisbee zu spielen. Auch die alten Tonbänder legten einen Zahn zu und es gab den schönsten Bandsalat, den man sich nur vorstellen konnte. Wie ein Lauffeuer, und dafür war das Internet super, verteilte sich die Freude und die Faulheit auf das ganze Headquarter. Nichts ging mehr. Tonerstaub verdreckte die Tastaturen, die Bildschirme zeigten alle Abenteuerspiele, die sie seit Jahrzehnten zurückgehalten hatten und krümmten sich vor Lachen. Schließlich brach alles zusammen und sank in einen tiefen, immerwährenden Schlaf. Unser Weisheitsteil hatte ganze Arbeit geleistet. Er vergrößerte sich wieder zu seiner natür-

lichen Form und wanderte weiter zu den Menschen, um sie von ihrer übertriebenen Murmelei zu befreien.
Unser Engel bekam dies alles mit und war zufrieden wie noch nie in seinem ganzen Leben. Am nächsten Tag genoss er die Sonne, lag nackt auf der Liebeswiese des Englischen Gartens, trieb sein Unwesen mit den letzten Verrückten, die mit der Murmelei wieder anfangen wollten, und fuhr erfüllt am Abend zurück zum Himmel.
Er gab seine Kleidung ab und ging auf seinen Lieblingsbeobachtungsturm. Von dort sah er, wie sich alles gewandelt hatte. Viele Menschen hatten endlich wieder Zugang zu ihrem normalen Seinszustand und zu ihrer Intuition, fröhlich und liebevoll ihre Erfahrungen auf Erden zu machen. Und wenn Sie eines Tages ohne inneres Gemurmel aufwachen, dann hat Sie vielleicht unser Weisheitskörnchen heimgesucht.
(Selbstgespräche, Stress)

Kurze Impulse

Einfach so

Der Moment ist das Ziel
Das Ziel ist der Moment
Kein Schritt weiter
Bleibe hier jetzt sofort
Auge
Blick
Nichts
Moment
Mo
M
Da
D

0

( )

~ ~

~~
~

.

Tanze

Streif ab Deine kultivierte Valiumhaftigkeit,
sei nicht traurig wie ein Eichhörnchen,
das seinen Wintervorrat nicht mehr findet,
erweitere die Öffnungszeiten Deines Gefühls,
nasche Frohmut – tanze!
Verlier Dich in die Albernheit Deines Körpers,
bleib nicht unfähig, seine Signale zu entschlüsseln,
öffne die Kühlschranktür, betrete Deinen Innenrasen.
Leg Feuer, provozier Schmerzen, treibe Schindluder mit
Dir, erstarre nicht in beherrschter Ruhelage.
Irrationalität darf nicht stattfinden,
denn Deine Utopien müssen sicher sein.
Was hast Du zu verlieren?
Dich – oh, eine nutzlose Verschwendung -
Du lebst ja sowieso im Inkognito.
Sei nicht nur Geist in flüchtigen Schutzbunkern,
fahr nicht mehr so oft in funktionierenden Aufzügen,
geh mal Umwege – lauf um Dein Leben.
Entkomme der Form – überflutet vom eigenen Theater,
verlass die Salzstöcke – entsorge Dich.
Überwinde die ausschlafbare Lebensmüdigkeit.
Verhöhne den Tagesablauf des nur Ernährens,
lass die Täuschung sich erschöpfen.
Boykottiere alle Tätigkeiten des Denkens,
sei Pirat – enteigne Wortfabrikanten,
verliere Dich nicht in metaphysischen Problemen.
Setz Dich auf geistige Diät,
wirf Deine alte Existenz weg in großen Portionen,
Sei wie Max und Moritz – Tanze!

Ode an den Moment

Der Moment ist da
Nichts außer dem Moment
Rasen betreten verboten
Die Tür macht zu, bevor der Aufzug fährt
Im Moment des großen Kleins
Alles ist zugleich groß und klein
Oder auch nicht
Schweben im Moment
Das Blut fühlt sich dichter an
Es ist genug Sauerstoff da
Ich bin in einer Seifenblase
Der Moment ist zu kostbar, um ihn zu zerstören

Ein Weg

Achtsamkeit ist selbstverständlich
Zusammenhänge werden gesehen
Willenskraft ist das Grundprinzip
Freude atmet
Stille entfaltet sich
Sammlung weitet sich aus
Gleichmut erscheint

Zum Abschluss

Eine meiner Lieblingsgeschichten (leider nicht von mir), die den Anstoß zu dieser Geschichtensammlung gab.

Die Seesterne

Nach einem Unwetter lagen an einem Strand unzählige Seesterne, die von der Strömung dorthin geworfen waren. Ein kleiner Junge lief am Strand entlang, nahm behutsam Seestern für Seestern in die Hand und warf sie zurück ins Meer.

Da kam ein Mann vorbei. Er ging zu dem Jungen und fragte ihn: „Was machst du da?“

„Ich werfe Seesterne ins Meer zurück. Es ist gerade Ebbe und die Seesterne liegen auf dem trockenen Sand. Wenn ich sie liegenlasse, dann sterben sie. Also werfe ich sie wieder zurück ins Meer.“

„Du dummer Junge! Was du da machst, ist vollkommen sinnlos. Siehst du nicht, dass der ganze Strand voll von Seesternen ist? Die kannst du nie alle zurück ins Meer werfen! Was du da tust, ändert nicht das Geringste!“

Der Junge schaute den Mann einen Moment lang an. Dann ging er zu dem nächsten Seestern, hob ihn behutsam vom Boden auf, zeigte ihn dem Mann und sagte: "Für den da macht es einen Unterschied!“

Und dann warf er den Seestern zurück ins Meer.

Anhang

Ich danke ....

- Julie Henderson (Zapchen Somatics), von der ich lernte, eigene Geschichten zu erzählen
- S. Hammel und B. Trenkle für die methodische Fundierung
- M. Erickson, S. Gilligan, R. Dilts, B. Hellinger u.a., für deren Geschichten
- Dilgo Khyentse Rinpoche und anderen buddhistische Lehrern
- Mulla Nasrudin, Till Eulenspiegel und anderen Vertreter des Humors
- All meinen Lehrern an der Schule, Universität und bei Fortbildungen
- meinen Schulkameraden und Mitstudenten an der Universität, die schon in jungen Jahren meine Freude an Geschichten genossen beziehungsweise geduldig ertragen haben
- All den KorrekturleserInnen Agnes, Charlotte, Elke (Lektorin), Irene, Peter, Sabine, Thomas (für den letzten Schliff) und Wolfgang und vielen anderen

Und besonders meinen Kunden, Klienten und Freunden, denen ich eine Geschichte erzählen durfte.

Seminarangebot

Selbst entwickelte Geschichten im Coaching nutzen

Märchen, Mythen und Metaphern begleiten uns ein Leben lang. Sie eignen sich zur Unterstützung von Prozessen im Coaching, da sie den bildhaften Teil des Gehirns ansprechen. In diesem Kurs lernen Sie, Ihr Erzählpotential zu entdecken und passende Geschichten für Ihre Klienten u.a. zu kreieren.
Zudem erhalten Sie eine Sammlung von bewährten Geschichten, die Sie in der eigenen Praxis nutzen können.

Inhalt eines 1-Tages-Seminars:

1. Einführung: Was sind „gute" Geschichten?

2. Eigene Geschichten entdecken

- Modelling bisheriger Erfahrungen mit Geschichtenerzählen
- Methoden zur Erreichung eines persönlichen Geschichtenentdeckungszustandes
- 5-Stufen-Ablauf zur erfolgreichen Entdeckung von Geschichten

3. Anregung für Ihre Geschichtensammlung

- eigene Erfahrung mit wirkungsvollen Geschichten
- Eine Sammlung bekannter Klassiker

4. Umsetzung in der Praxis

- erste Übungen mit Freunden und Bekannten, um Routine zu finden
- Übertragung auf den beruflichen Bereich

Vita

Dr. Elmar Hatzelmann (Jahrgang 1956)

Studium der Pädagogik (M.A.) und Wirtschaftspsychologie (Dipl. oec. Univ). Promotion über die Verbindung zwischen Arbeitstätigkeit und Ruhestand.
5 Jahre Dozent an der Universität und Forschung über die Auswirkung von Computerarbeit auf den Menschen.
Seit 1990 Trainer und Berater für die Themenbereiche Zeitkompetenz, Kommunikation und Führung in Industriefirmen und Non-Profit-Organisationen.
Er ist ausgebildeter Feldenkrais-Lehrer und systemischer Coach mit einer Praxis in Tutzing.
Gründung des „Institutes für Zeitkompetenz“ zusammen mit Dr. Martin Held, Tutzing. (2005).

Dr. Hatzelmann hat Bücher geschrieben über
- Zeitkompetenz
- Arbeitstätigkeit und Ruhestand
- Keine Macht dem Stress
- Verhandlungsführung

Sowie zahlreiche Artikel über
- mentales Training
- Psychologische Aspekte von Rückenschmerzen
- Vorbeugung von Burnout
- Permanent online
- Kluger Umgang mit der Zeit in der Pflege
- Palliativmedizin und Zeit

Impressum

Wenn Sie eine persönliche Geschichte für sich wünschen oder einen Kurs zum Thema „Selbst Geschichten entwickeln“ besuchen möchten, melden Sie sich bitte.

Dr. Elmar Hatzelmann
Beiselestrasse 20
82327 Tutzing
www.hatzelmann.de
E-Mail: info@hatzelmann.de Tel: 08158-9186896

Titelbild von Erich Liebermann, Steingaden
www.liebermann-cartoons.de
E-Mail: info@liebermann-cartoons.de

Printed in Poland
by Amazon Fulfillment
Poland Sp. z o.o., Wrocław

56532865R00115